AF613523

Abbé LE GARREC

QUIBERON

VANNES
IMPRIMERIE LAFOLYE

1895

ABBÉ LE GARREC

QUIBERON

VANNES
IMPRIMERIE LAFOLYE

1895

QUIBERON

I

Prenez une carte du littoral de la France. Apercevez-vous, sur la côte sud de la péninsule armoricaine, à égale distance de Vannes et de Lorient, une étroite et longue bande de terre aride qui s'avance hardiment dans la mer? C'est la presqu'île de QUIBERON.

A voir le cordon sablonneux qui la relie à la terre ferme et qui s'amincit de plus en plus comme par suite d'une traction violente, on dirait qu'elle fait effort pour briser cette frêle attache qu'on lui a donnée, et qu'elle ira bientôt s'embosser de nouveau en pleine mer, en face de Belle-Ile, à la suite des îles d'Houat et d'Hœdic.

Cette chaussée de l'isthme, protégée maintenant par une digue solide, était autrefois tellement étroite et basse que les eaux de l'Océan et celles de la baie, sous la double poussée du vent et de la marée, se rejoignaient par-dessus.

Tout à côté, mais dans l'intérieur de la presqu'île, est construit le fort Penthièvre. Dominant des rochers d'où l'on découvre un large horizon, il ressemble à un gardien debout sur le seuil, et chargé de faire entendre, à l'approche du péril, ses formidables aboiements. Ce n'est plus aujourd'hui qu'un fort de troisième ordre, que l'on indique sur les cartes plutôt dans l'intérêt de l'histoire que pour les besoins de la stratégie. Mais il y a cent ans, bien pourvu de munitions, défendu par une garnison fidèle et courageuse, il pouvait interdire indéfiniment l'entrée de la presqu'île du côté de la terre.

Pour sortir de Quiberon, il faut traverser ce qu'on appelle la falaise. C'est un véritable désert d'environ une lieue et demie de long, à peine élevé de quelques mètres au dessus du niveau de la mer qui l'enserre des deux côtés. Du sable, encore du sable. Des dunes, encore des dunes. Elles se succèdent, innombrables et désordonnées : on dirait des vagues qu'une main puissante aurait arrêtées au milieu de leur déchaînement et fixées dans l'immobilité. Une espèce de bruyère les recouvre, d'autant plus tenace qu'elle ne peut se développer librement sur le sol brûlé par le vent de mer, et qu'elle emploie toutes ses énergies à pousser des racines profondes dans le sable qui ne peut échapper à ses prises. A la hauteur de l'étang du Bégo et à mesure qu'on s'approche du village de Sainte-Barbe, les dunes s'élèvent et s'élargissent. Les plis de terrain sont de véritables vallons. Quel beau champ de bataille pour deux petites armées qui lutteraient corps à corps ! La position de Sainte-Barbe, sans défense du côté du continent est inexpugnable du côté de la presqu'île. Quelles surprises on y réserverait à l'ennemi qui voudrait vous y attaquer ! Chacune de ces dunes est par devant un rempart où se briserait son effort, et par derrière un piège où il tomberait. — Une ligne droite, qui prolongerait le chemin reliant le fort Penthièvre à la chaussée du Bégo, traverserait au nord, à la distance de quelque dix ou quinze kilomètres, les bourgs de Mendon et de Landévant; en se rabattant à droite, elle tomberait au bourg de Baud, qui se cache derrière la forêt de Camors, puis sur la petite ville d'Auray, qui est beaucoup moins éloignée; plus près encore et plus bas, elle rencontrerait Carnac et la butte Saint-Michel. — Tels sont les points stratégiques les plus voisins auxquels se rattache le fort Penthièvre ou qui le relient à des points plus importants encore, Hennebont et Lorient d'un côté, Vannes, Rennes, Nantes, de l'autre....

Retournez-vous maintenant vers la presqu'île. Prise dans son ensemble, elle ressemble à un bras gracieusement arrondi, mais de proportions et de contours irréguliers. Du fort Penthièvre à la pointe extrême de Conguel, elle mesure environ huit kilomètres à vol d'oiseau; quant à sa largeur, elle est de deux kilomètres en moyenne. Mais ce petit coin de terre présente les aspects les plus variés, les contrastes les plus pittoresques. Suivez la côte occidentale: vous y verrez des falaises géantes opposer un rempart de granit aux perpétuels assauts de l'immense Atlantique. Quoi qu'en disent les poètes, c'est l'agitation qui finit par avoir raison du roc qui croyait à son immobilité............. Tantôt la mer s'attaque à la base même du rempart et la ronge si bien qu'on en voit de loin le sommet se pencher sur l'abîme qui l'attend; tantôt elle monte à l'escalade et en découronne les sommets; tantôt elle y fait des brèches terribles: ici, elle s'élance à travers une étroite issue et va s'engouffrer avec des mugissements prolongés dans les cavernes profondes qu'elle s'est creusées plus loin; là, sur les plages qu'elle a envahies et agrandit toujours, elle pousse ses vagues victorieuses, et dans le formidable chant de triomphe qu'elle fait entendre, elle semble menacer de sa colère ceux qui voudraient la déposséder de sa conquête. A chacun de ces rochers couverts d'écume, à chacune de ces plages inabordables se rattachent des souvenirs de naufrage. Pour rendre l'impression d'horreur que l'on ressent à la vue de ce rivage inhospitalier, la langue populaire a trouvé un terme aussi concis qu'énergique. Cette côte s'appelle *La côte sauvage*.

De l'autre côté, à l'intérieur de la courbe que forme la

presqu'île en s'arrondissant de plus en plus comme si elle voulait l'envelopper tout entière, la baie de Quiberon étale la nappe splendide de ses eaux bleues et profondes. De trois lieues de large sur quatre lieues de profondeur, sans île et presque sans récif, les escadres de toutes les nations de l'Europe pourraient y tenir à l'aise.

N'était son ouverture par trop grande, qui ne la défend pas suffisamment contre les tempêtes du large, ce serait une petite Méditerranée incomparable, aussi précieuse pour ses abris que gracieuse par ses aspects. Là bas, en face, la terre s'arrondit en demi-cercle, depuis la plage de Saint-Colomban jusqu'aux falaises de Saint-Gildas et de Sarzeau, s'entr'ouvrant çà et là pour laisser passer les eaux des rivières de Crach, de Vannes et d'Auray ; le rivage est couvert de nombreuses maisons, d'églises, de phares et de sémaphores,

> Montrant la double main empreinte en ses contours :
> Un amas de rochers sous un amas de tours.

Ici, à vos pieds, le terrain descend, tout le long de la presqu'île, en pente douce, vers la baie. La mer a formé une foule de petites plages, tout à la fois semblables et différentes : le sable y est fin, l'eau calme et transparente, le rivage facilement abordable. Parmi ces havres nombreux, ceux que les marins préfèrent, parce qu'ils sont les plus grands et les mieux placés, sont le Port-Haliguen, derrière lequel se cache le Fort-Neuf, et non loin du fort Penthièvre, le Port-d'Orange, plus connu aujourd'hui sous le nom de Saint-Pierre.

C'est entre ces deux mers, dont l'une la réveille par les éclats de sa voix terrible et l'autre l'endort par son doux murmure, que la presqu'île est étendue tout de son long.

Autrefois Quiberon était couvert d'une vaste forêt. Les ducs de Bretagne en avaient fait un de leur rendez-vous de chasse[1]. Mais la configuration du pays tout entier devait

[1] Cf. *Cartulaire de Redon* : « Keberoen ubi sæpissime veniebat et frequentissime venationes exercebat. » — En 1206, il y eut entre l'abbaye de Sainte-Croix de Quimperlé et les *forestiers* de Quiberon un procès, qui se termina devant la cour ducale d'Auray.

être totalement différente ; aujourd'hui le voisinage de la mer rend impossible la grande végétation ; comme d'ailleurs le terrain n'est guère accidenté, on peut, d'une de ses élévations auxquelles on n'a donné qu'à regret le nom de collines, embrasser tout le pays, l'ensemble et les détails, d'un seul regard.

Quiberon possède plus de vingt villages, également distribués dans toute la longueur de la presqu'île, mais presque tous situés sur le bord de la mer. Quelques-uns de ces villages se font remarquer par leur grandeur et la beauté de leur situation... Kerostin et Kergroix semblent s'être mis sous la protection du fort Penthièvre. Keraud, Kerdavid et Saint-Pierre se sont donné rendez-vous auprès du Port-d'Orange. Plus loin le gracieux village de Saint-Julien : dominé par une colline, assis sur un coteau, à quelques pas de la baie, avec les murs élevés des jardins qui l'enferment comme des remparts, ses maisons blanches qui tranchent si violemment sur le vert sombre des nombreux figuiers qui l'environnent, la flèche de sa chapelle, qui s'élance du milieu des toits et de la verdure, il ressemble à une oasis au milieu du terrain desséché qui l'entoure. Enfin, au milieu d'une plaine très unie, le gros bourg de Quiberon, qui voudrait passer pour une ville, même avant d'en avoir pris l'aspect.

. . . .

. . . .

Le nom de Quiberon serait à peine connu, n'était la douloureuse célébrité qu'il a reçue des événements que nous nous proposons de raconter.

Les menhirs et les dolmens assez nombreux qu'on y trouve ne nous ont pas plus livré que les alignements voisins de Carnac le secret du rôle qu'ils ont joué dans la civilisation primitive qui précéda l'ère chrétienne. Suivant toute probabilité, ce fut Gildas qui évangélisa le pays et qui construisit un monastère sur une butte élevée d'où l'on pouvait découvrir les deux résidences préférées du saint : l'île d'Houat et la presqu'île de Rhuys. Transformé en prieuré, le monastère de Saint-Clément devint aussi le siège de la paroisse. Lorsque, à une date inconnue, ce siège fut transporté au village de Locmaria, qui s'appelle aujourd'hui Quiberon, il n'en continua pas moins à dépendre de la grande abbaye de Saint-Gildas[1]. Ravagé à plusieurs reprises pendant les invasions normandes, le pays, grâce à l'intelligente activité de sa population, s'était toujours relevé promptement de ses ruines. Le milieu du dix-septième siècle marque peut-être l'apogée de sa prospérité : les villages étaient riches, les caboteurs nombreux et leurs bons navires formaient une véritable flottille marchande. En 1746, jaloux de cette prospérité, les Anglais, à l'époque de leur tentative malheureuse sur Lorient, dirigèrent une de leurs expéditions contre la presqu'île. Brusquement ils arrivent dans la baie, ils débarquent six mille hommes sur la plage, et pendant que leurs soldats pillent et livrent aux flammes onze villages entiers, leurs canonnières fouillent toutes les baies du rivage, et incendient les navires qu'ils ne peuvent couler bas. Ces exploits accomplis, ils remettent à la voile et disparaissent. Hélas ! ils devaient revenir.........

Tous ces souvenirs poétiques, religieux, militaires, s'effacent devant les événements dont nous faisons le centenaire en cette année 1895.

De tous les épisodes de l'histoire révolutionnaire, pourtant si féconde en horreurs de tout genre, aucun ne nous paraît plus poignant, plus douloureux, plus tragique que les scènes dont Quiberon fut le théâtre, il y a cent ans.

L'armée royaliste et l'armée républicaine, aimant la France d'un amour peut-être aussi fort, mais l'identifiant avec des partis politiques différents ; des frères ennemis s'entredétruisant dans une lutte acharnée, ensanglantant le sol même de la patrie, sous le regard de l'étranger qui ne peut que profiter de leur commun affaiblissement ; des deux côtés le même courage, le même héroïsme, mais non la même habileté et le même succès ; un des partis, malheureux dans toutes ses entreprises et jusque dans

[1] Voir Luco : *Pouillé de l'ancien diocèse de Vannes.*

son inaction, passant en quelques jours des espérances les plus ambitieuses et les mieux justifiées à l'abattement le plus complet; la marine française perdant le cadre de ses meilleurs officiers, dont elle mettra si longtemps à combler les vides ; la noblesse recevant un coup dont elle ne se relèvera peut-être jamais ; puis, après le combat, le parti vainqueur déshonorant sa victoire par des massacres inutiles et sans doute en violation de la parole donnée ; le sang français coulant plus abondamment par ordre des commissions militaires que sur le champ de bataille : voilà ce que le nom seul de Quiberon rappelle.

Voilà aussi ce que nous avons le dessein d'exposer dans ce court récit. Nous ne voulons raviver ni les rivalités ni les haines ; nous sommes de ceux qui croient qu'il faut unir tous les cœurs dans l'amour des grandes causes qui ne sauraient diviser. Mais un fils n'a pas le droit de répudier les deuils communs, les gloires communes de la grande famille à laquelle il appartient. Il ne se demande même pas si c'est dans le souvenir de ses gloires ou dans le spectacle de ses malheurs qu'il puise le plus d'amour pour elle. Après cent ans écoulés, il est bon d'étudier cet événement considérable sans haine et sans faveur; il faut, sans partager les passions des écrivains qui l'ont raconté, recueillir les leçons qu'il renferme et les enseignements qui s'en dégagent. Les faits parleront assez haut d'eux-mêmes. A la suite des études que nous avons consultées et qui ne sont pas toujours exemptes d'exagération ni de parti pris, nous en faisons paraître une qui ne vise qu'à « la simplicité d'un récit fidèle..... »

II

L'ARMÉE ROYALE.

Après avoir examiné le champ de bataille où elles doivent se rencontrer, étudions les forces respectives des deux armées et la composition de leurs cadres au moment de leur entrée en campagne. Essayons surtout de connaître les sentiments qui les animaient. Avant de suivre les péripéties d'une lutte si émouvante, tâchons de lire au fond des consciences, et de retrouver les raisons qui armaient les uns contre les autres des soldats qui n'auraient jamais dû combattre que côte à côte et sous le même drapeau.

L'armée royale était composée des éléments les plus divers et même les plus opposés. Sur les côtes d'Angleterre et impatients de s'embarquer, les émigrés auxquels on avait joint en assez grand nombre des soldats républicains, prisonniers sur les pontons ; — en Bretagne, les bandes chouannes, qui avaient déjà agi isolément et qui n'attendaient que le débarquement pour donner plus d'ensemble à leurs opérations : d'un côté, des troupes régulières, aguerries, expérimentées, qui auraient pu être d'autant plus solides qu'elles renfermaient autant d'officiers que de soldats, mais en réalité affaiblies par les dissentiments politiques et par l'introduction dans le cadre des émigrés de soldats qui avaient déjà combattu la cause qu'on les forçait à défendre, et dont la fidélité allait dépendre des premiers événements de la campagne ; — de l'autre, une foule de paysans unis dans les mêmes convictions inébranlables, décidés à combattre et à mourir pour leur foi, mais mal armés, peu façonnés au joug de la discipline militaire, et plus habitués encore à faire la guerre de fossés qu'à manœuvrer sur un champ de bataille. Les émigrés et les chouans devaient se réunir, se donner la main, puis, par une marche audacieuse vers Paris, provoquer un soulèvement général dans l'Ouest, dans la France entière, si c'était possible, renverser le gouvernement de la Convention et replacer les Bourbons sur le trône.

Pour établir un lien puissant entre ces deux corps si différents d'aspect, d'allures et d'habitudes, pour imprimer une direction unique à toutes ces forces, où se manifestaient des tendances différentes et qui pouvaient se contrarier au lieu de concourir, il fallait un homme dont l'autorité fût incontestée pour tous, et qui sût unir à une rare vigueur de pensée une grande puissance d'action.

C'est ce qu'on pourrait appeler un premier rôle. M. de Puysaie crut qu'il pourrait le tenir. Sa responsabilité devait être d'autant plus grande, en cas d'insuccès, qu'il n'avait pas attendu qu'on vînt le lui offrir. Il se l'était donné lui-même.

Rarement, homme fut plus discuté et mérita plus de l'être. En politique, ses principes ne paraissaient pas absolument inflexibles ; député de la noblesse aux États généraux et chaud partisan des réformes, fédéraliste après le 31 mai, ardent défenseur du trône, il a laissé croire que les préoccupations de l'avenir et les calculs de son ambition personnelle l'emportaient sur son zèle et sur son désintéressement. On a pu dire sans invraisemblance qu'au moment même où il exposait sa vie pour la cause de la monarchie, il ne se laissait pas tellement absorber dans son dévouement qu'il ne calculât les chances de succès, et qu'à une époque où le nom de la famille d'Orléans ne se prononçait que tout bas, il avait soin, tout en accordant ses sympathies avouées aux Bourbons, de réserver ses préférences secrètes pour celle des deux branches de la monarchie qui réussirait à s'asseoir sur le trône[1]. Soldat, il montra qu'il était brave, il affronta plusieurs fois la mort; chef d'armée, il avait des idées justes et ses plans ne manquaient ni de sagesse ni de hardiesse ; mais on lui reproche justement de n'avoir pas su imposer son commandement et de n'en avoir pas compris tous les devoirs. La diplomatie était son triomphe; d'un extérieur agréable, causeur aimable et habile, il séduisait ceux mêmes qui étaient prévenus contre lui : par le seul charme de sa parole, il réussit un jour à gagner un chef de chouans, qu'on avait chargé de le faire fusiller comme traître[2]. Avant de partir pour l'Angleterre, il avait acquis la confiance des chefs bretons et su leur prouver qu'il la méritait bien. C'est dans les missions les plus délicates qu'il était le plus sûr du succès. Décrié par les émigrés et sus-

[1] *Mémoires de Vauban.*

[2] *Vie de Georges Cadoudal*, par M. de Cadoudal, chap. IX.

pect de libéralisme, il avait su se faire agréer par le comte d'Artois et se faire confirmer par lui dans le titre de « général en chef de l'armée catholique et royale de Bretagne ». Enfin il sut conquérir la bienveillance du premier ministre anglais Pitt et voyait s'ouvrir devant lui une porte, qui restait impitoyablement fermée aux émigrés[1]. Par son habileté à propager le mouvement insurrectionnel en Bretagne, par sa souplesse à pénétrer dans le conseil du cabinet de Saint-James, par la détermination qu'il lui fit prendre de hâter les préparatifs de l'expédition, et de la diriger sur la côte du Morbihan, on peut dire que Puysaie a été l'âme de cette vaste entreprise.

Livrés à leurs propres ressources, les émigrés ne pouvaient rien. Tout leur manquait à la fois, l'or, les armes, les moyens de transport. L'Angleterre avait leurré longtemps leurs espérances en leur promettant de leur fournir des vaisseaux et de les débarquer sur les côtes de France. Elle crut enfin le moment venu de tenir ses engagements.

Dans les premiers jours d'avril 1794, Pitt obtint de la chambre des Communes un bill qui lui permettait de prendre un corps d'émigrés à la solde du gouvernement anglais. A cette nouvelle, les émigrés disséminés dans le Nord de l'Europe accoururent en foule. Le comte d'Artois se transporta lui-même à Londres, décidé à seconder le mouvement et, si les intérêts de la cause l'exigeaient et que l'Angleterre l'y autorisât, à prendre part à l'expédition. Les préparatifs furent poussés avec une extraordinaire vigueur. Jamais les émigrés n'avaient montré une telle impatience d'aller reconquérir la terre natale, ni manifesté un pareil enthousiasme.

L'Angleterre, cette fois, n'avait pas fait les choses à moitié : l'armement qu'elle préparait était considérable. Trois divisions faisaient partie de l'expédition et devaient se suivre à intervalles assez rapprochés : la première commandée par M. d'Hervilly, la seconde aux ordres du marquis de Sombreuil.

[1] *Victoires et conquêtes*, vol. 3.

Les combattants de ces deux premières divisions étaient tous Français. La troisième comprenait un corps de deux mille hommes de troupes anglaises et devait aborder à un point du littoral encore indéterminé. Nous n'aurons pas à nous occuper d'elle ; elle passa, il est vrai, en vue de Quiberon; mais même avant qu'elle eût quitté l'Angleterre, le 22 août, les deux premières avaient connu leur destinée.

La division Sombreuil comprenait un effectif de 1500 hommes, répartis en cinq bataillons, ROHAN, PÉRIGORD, SALM, DAMAS, BÉON. Ces troupes qui avaient fait leurs preuves en Allemagne formaient un corps d'élite dont la présence pouvait forcer la victoire à changer de camp, non seulement dans une bataille, mais dans une campagne entière. Que ne s'en est-on pas souvenu ! Parties d'Angleterre dans les premiers jours de juillet, elles ne pourront prendre part à tous les combats ; mais elles arriveront assez tôt pour recueillir la succession de la division d'Hervilly. Elles avaient à leur tête un des officiers les plus distingués de l'armée de Condé, le jeune marquis Charles de Sombreuil.

La division d'Hervilly était la plus considérable. Elle était composée de cinq régiments, LACHATRE ou ROYAL-ÉMIGRANT, HECTOR ou ROYAL-MARINE, DU DRESNAY, D'HERVILLY ou ROYAL-LOUIS, ROYAL-ARTILLERIE. Les 3000 hommes qu'ils renfermaient ne présentaient pas un tout bien homogène. Voici les débris du régiment de la Châtre qui s'était illustré sur les champs de bataille de la Hollande ; plus loin quatre cents artilleurs toulonnais réfugiés en Angleterre, sous le commandement de Rotalier ; ici de nombreux officiers de marine qui, dépossédés de leur grade par un gouvernement qui voulait des hommes nouveaux, s'étaient noblement refusés à prendre service dans la marine anglaise, souvent humiliée par eux ; là, cent vingt chevaliers de Saint-Louis ; n'ayant pas assez d'argent pour s'acheter des rubans de soie, ils suspendent leur croix à un ruban de laine ; et à côté d'eux, de tout jeunes gens de seize à vingt ans, qui avaient suivi leur famille en exil, presque des enfants, à peine en état de porter les armes.

Tous ceux-là feront leur devoir, ils sauront unir au courage le plus héroïque la fidélité la plus invincible. — Malheureusement l'Angleterre, dans le but de remplir les vides de ces régiments, prit une mesure dont M. d'Hervily essaya vainement de faire comprendre toute l'imprudence. On fit venir les soldats français prisonniers qui avaient combattu sous le drapeau de la République ; on les mit dans l'alternative de servir dans les cadres de l'armée royale ou d'être replongés dans les horreurs des pontons. Un grand nombre, n'envisageant que la possibilité de rentrer en France, promit tout ce qu'on voulut. La remarque de M. d'Hervilly n'en était pas moins juste. Quelle confiance pouvait-on mettre dans la parole de soldats qui, à n'en pas douter, n'acceptaient les propositions de l'Angleterre que pour échapper aux horreurs de la captivité ? N'était-il pas à craindre qu'une fois débarqués sur le continent, ils n'eussent qu'un faible zèle à combattre ceux dont ils partageaient les sympathies démocratiques ?

Enfin tous les préparatifs de la première partie de l'expédition furent terminés. Le départ fut fixé au 10 juin.

Rien d'imposant comme l'aspect de la flotte, lorsqu'elle appareilla dans la baie de Spithead. En avant s'avançait, pour ouvrir la voie et disperser les vaisseaux ennemis qui voudraient s'opposer au débarquement, l'escadre de lord Bridport. Puis venait le convoi proprement dit : outre les troupes, on y avait embarqué un armement et un matériel considérables : des armes pour 80.000 hommes, des habits pour 60.000, une nombreuse artillerie, 2 millions en or, et 10 millions en assignats. Ces bâtiments de transport étaient escortés par trois vaisseaux de ligne, huit frégates, huit chaloupes canonnières et quelques cutters, sous le commandement du commodore Warren.

En voyant les nombreux navires qui portent les troupes et les ressources de tout un parti, et qui s'avancent à travers les eaux de la Manche et de l'Océan vers les côtes de Bretagne, en y apercevant Puysaie entouré de son brillant état-major, et Mgr de Hervé entouré de ses quarante prêtres, on ne peut s'empêcher de faire un retour en arrière et de se représenter une scène à peu près semblable et qui se passait dans les mêmes lieux. Les flottilles du cinquième et du sixième siècle transportaient aussi, loin des côtes d'Angleterre, des paroisses, des tribus entières, vers les rivages d'Armorique : elles avaient avec elles leurs chefs, leurs richesses, les reliques de leurs saints ; leurs prêtres et leurs évêques chantaient « des cantiques sacrés sous les voiles gonflées des navires... » Ces paysans aux longs cheveux et à l'idiome antique, qui attendent avec impatience l'arrivée de la flotte anglaise, sont leurs fils. Mais quel contraste entre les deux émigrations ! Les Bretons d'autrefois abandonnaient la terre natale d'où les chassait un impitoyable envahisseur et s'en allaient demander une patrie à un pays voisin qui ne la leur refusa pas ; les Français d'aujourd'hui quittent la terre étrangère où ils recevaient l'hospitalité et veulent reconquérir, les armes à la main, la patrie où il leur est interdit de rentrer. Ce ne sont pas des résignés : ils savent que, pour replacer sur le trône la famille qui en a été dépossédée, il leur faudra verser du sang, renverser le gouvernement établi. Ils ont calculé les chances et les risques : ils n'hésitent pas.

On a contesté la légimité de leur entreprise.

On a dit que les Anglais étaient dans leur rôle, en cherchant à humilier une puissance rivale et à l'affaiblir dans une guerre cruelle où ne devait pas être versée une goutte de sang anglais ; — mais que les émigrés, en débarquant sur le territoire français, commettaient un crime de lèse-patrie, et qu'il fallait considérer comme des rebelles ceux qui s'attaquaient au gouvernement de la Convention.

Les émigrés n'auraient pas eu de peine à se disculper d'accusations aussi injustes. Ils aimaient la France, au moins aussi bien que ceux qui leur en interdisaient l'entrée. Mais pouvaient-ils et devaient-ils confondre la France avec le gouvernement de la Convention ? — Certes, il leur était permis de ne pas aimer un gouvernement qui avait confisqué leurs biens, voté contre eux des lois d'exception, et massacré ceux des leurs qui n'avaient pas eu la sagesse de les suivre en exil. Mais, à défaut de sympathie, pouvait-il exiger d'eux le respect dû à un gouvernement légitime, quoique tyrannique? Où était en ce moment le gouvernement légitime ? Fallait-il donner ce nom à une minorité turbulente qui, par une série d'attentats aussi contraires à la légalité que violents, avaient peu à peu confisqué à son profit tous les pouvoirs de la royauté, qui n'avait pu établir sa domination qu'en faisant appel aux plus vils instincts de la populace, qui avait « inauguré le règne de la canaille et du bonnet rouge[1] », qui avait pris enfin la guillotine pour unique ressort de gouvernement ? Louis XVI était mort, il est vrai ; son fils se mourait en prison; ses frères promenaient leur exil a travers l'Europe; mais le roi, pour être malheureux et impuissant, en était-il moins le roi ? La Convention n'avait raison, et la cause royale n'avait tort, qu'aux yeux de ceux qui s'imaginent que le succès est une justification.

En supposant que la nation eût le pouvoir de déposséder une famille d'une autorité dont elle avait joui si longtemps, la nation n'était pas représentée par ceux qui se donnaient comme ses mandataires. Elle n'avait pas été mise en pleine possession d'elle-même. Il ne lui avait pas été permis de se prononcer avec liberté. On ne pouvait croire qu'un peuple de vingt-six millions d'hommes eût donné la mission de parler et d'agir en son nom à des personnages misérables, souvent souillés de crimes, et qui ne consultaient que leurs passions[2].

Certes, le temps a marché depuis : le temps fait peu à peu oublier, en les voilant, les origines des gouvernements qui se sont établis par la violence. Devant les faits accomplis les intelligences les plus nettes se troublent ; il semble

[1] Albert Duruy, *Revue des Deux-Mondes*, 15 juin 1884.

[2] Qu'on lise le deuxième volume de Taine sur la Révolution : on y verra par quelles mesures et par quelles lois on arriva à écarter des urnes la majorité des électeurs, en 1791 et 1792, et par quels procédés on invalida les élections catholiques et royalistes. — Charles d'Héricault donne des chiffres précis : en 1791 et 1792, sur 5 ou 6 millions d'électeurs, il n'y eut que 5 à 6 cent mille votants.

qu'il y ait une prescription politique, comme il y a une prescription civile. — Mais, au moment où les émigrés s'armaient en Angleterre, il y avait à peine trois ans que l'on avait proclamé la déchéance de la royauté. L'usurpation n'avait pas encore reçu cette consécration de la durée qui se substitue quelquefois à la légitimité. La Convention ne pouvait donc s'imposer aux émigrés ni comme un gouvernement légitime que l'on sert, ni même comme un gouvernement légal que l'on subit. Loin de se regarder comme des rebelles, ils croyaient s'attaquer à des révoltés. — Seulement c'était à eux à prévoir les conséquences de la défaite ou du succès. S'ils étaient vaincus, la révolution qu'ils voulaient faire s'appellerait toujours une révolte; s'ils triomphaient, l'opinion publique sans en être sollicitée appellerait leur révolte une restauration.

La présence de Mgr de Hercé et de ses prêtres montrait que l'expédition se faisait encore pour des motifs plus élevés que ceux de la politique. — On leur fait un crime d'avoir manifesté des préférences pour la cause royaliste. Mais l'accusation pour avoir été répétée cent fois n'en est pas pour cela plus motivée. Au moment où la France était partagée en deux partis irréconciliables, sous quel drapeau les prêtres catholiques devaient-ils se ranger? Sous celui de la Révolution qui les massacrait impitoyablement ou sous celui des royalistes qui les priaient d'attirer les bénédictions de Dieu sur leurs armes ?

Si la Révolution n'avait fait que les dépouiller de leurs biens et de leurs privilèges, passe encore ; elle n'eût pu qu'écarter d'elle des sympathies qui lui eussent été bien précieuses ; mais il arriva un moment où elle voulut leur imposer un serment qui les eût jetés avec l'Église de France dans le schisme et l'hérésie. Ceux qui ne voulurent pas se soumettre furent exilés, puis traqués et, quand ils étaient pris, guillotinés. Privé de ses pasteurs légitimes, le peuple très chrétien était menacé du très grand danger de perdre sa foi. Les prêtres catholiques devaient-ils oublier ce qu'ils lui avaient enseigné si souvent, que la religion est le plus grand des biens ? N'étaient-ils pas en droit de lui rappeler qu'en face de cette Convention qui s'attaquait à la plus précieuse des libertés et se mettait en révolte ouverte contre Dieu, l'insurrection, pour employer un des principes les plus chers de la Révolution française, devenait le plus sacré des droits et le plus saint des devoirs? L'état malheureux dans lequel gémissait l'Eglise catholique d'Angleterre avait encore mieux fait comprendre à monseigneur de Hercé le péril que courait la foi chrétienne en France, si on n'opposait la violence à cette persécution haineuse que la violence seule pouvait désarmer. Aussi n'hésita-t-il pas à prêcher cette croisade[1].

On oppose, il est vrai, à la conduite des émigrés et des prêtres qui les accompagnaient, la conduite des premiers chrétiens.

Les catholiques français n'avaient-ils pas appris que la primitive Eglise ne s'était pas attaquée même à un pouvoir persécuteur? Avaient-ils donc oublié l'exemple et les leçons des martyrs? Non. Mais ils entendaient bénéficier de la différence des époques et des circonstances. En s'introduisant dans la société romaine, le christianisme trouvait déjà établi un ensemble d'institutions publiques, qui ne tenaient de la religion nouvelle ni un élément de leur force, ni une des raisons qui les faisaient accepter des sujets. Les fidèles étaient tenus de se soumettre à tous les lois qui n'attaquaient pas leurs croyances. Sans doute, on édictait contre eux des lois qui leur paraissaient impies; mais en dépit des abus où il tombait, le pouvoir persécuteur demeurait à leurs yeux toujours légitime dans son principe. Ne pouvant obéir à une loi que sa conscience condamnait, ne voulant pas davantage s'attaquer ouvertement à un pouvoir que sa religion lui commandait de respecter, le chrétien choisissait le seul moyen de résistance

[1] Nous compruntons ce terme aux écrivins les plus favorables à la Révolution. (Thiers *Histoire de la Révolution* vol. 7; — *France militaire*, vol. 2); seulement nous l'employons avec une intention différente : la part que la religion avait prise dans l'expédition leur parait un ridicule de plus : pour nous, elle est une justification de plus. La campagne n'était pas seulement politique; elle devenait une véritable croisade.

qui lui permît de concilier ses devoirs de citoyen avec les obligations de sa foi : il se laissait conduire au supplice. En était-il de même en France ? Non seulement le christianisme était un des éléments nécessaires dont la nation s'était formée, mais c'était sous son souffle qu'ils s'étaient animés et groupés. On peut dire qu'il était à la base et au centre des institutions politiques, et qu'il les soutenait et les vivifiait à la fois ; il en était ainsi le couronnement. Si bien qu'en principe au moins et dès le début il ne devait y avoir aucune incompatibilité entre ce que l'on devait à son pays et ce que l'on devait à l'Église. Et ce qui montre bien que l'on avait compris la nature du rôle que l'Église avait joué dans la formation de la société, c'était le principe du droit public national que le chef de l'État en France ne pouvait appartenir qu'à la religion catholique.— Si, un jour, quelques factieux, maîtres par aventure du gouvernement, voulant déposséder l'Église de ses droits, se servaient contre elle d'une puissance qu'elle avait aidé à former, et complotaient de la chasser d'une société qui sans elle n'eût pas été, — que devaient faire les chrétiens ? Il n'y avait pas d'hésitation possible. Ils devaient lutter contre les ennemis qu'une révolution avait portés au pouvoir et qu'une autre pouvait en faire tomber, qui pour être tout puissants n'en étaient pas moins des révoltés ; avoir recours, en faveur du droit le plus incontestable, à la violence dont les adversaires se servaient pour le combattre. — Défendre un droit certain n'est pas attaquer un pouvoir légitime. Prendre les armes contre le pouvoir établi eût été un crime à Rome ; en France, le crime eût consisté à désarmer et à abandonner des droits auxquels on n'avait pas le droit de renoncer. — Si on voulait emprunter des comparaisons à l'histoire, il n'était pas nécessaire de remonter si haut. Il y avait deux siècles à peine, les protestants avaient cru l'occasion bonne de méconnaître à leur profit le droit national que les membres de la Convention méconnaissaient à leur tour. La ligue s'était immédiatement formée; Henri IV comprit qu'il devait s'incliner devant la volonté de la nation si clairement manifestée. Que sa conversion fût sincère ou non, la nature de ses convictions n'ébranle en rien la légitimité du mouvement qu'il eut à combattre, ni celle du principe qui forçait l'adhésion peut-être involontaire de ceux qui s'étaient d'abord insurgés contre lui. Les émigrés, nobles ou prêtres, agissaient comme les ligueurs, leurs pères, avaient agi dans des circonstances moins périlleuses pour la foi[1].

Voilà quelles étaient les raisons qui leur mettaient les armes à la main. On peut ne pas approuver leurs opinions politiques ; on peut ne pas partager leurs croyances religieuses ; mais aucun adversaire impartial ne voudra leur refuser le bénéfice de leurs intentions, ni regarder comme des révoltés des Français qui prétendaient défendre au

[1] Nous n'avons fait que reprendre, en faveur de la croisade prêchée par Mgr de Hercé, l'argument que développait avec tant d'éloquence Mgr Freppel, montrant qu'il admirait autant les ligueurs qui refusaient de reconnaître Henri IV que les premiers chrétiens qui se soumettaient aux empereurs. « Les premiers chrétiens vivaient sous un gouvernement païen, établi avant eux, auquel par conséquent ils devaient l'obéissance dans l'ordre civil et qu'ils n'auraient eu aucun droit de renverser ; toute rébellion de leur part contre un pouvoir abusif sans doute, mais légitime au fond, eût été une aggression injuste. Leur devoir était de respecter un ordre de choses consacré par la coutume et consenti par le peuple. Telles ne sont pas les conditions dans lesquelles s'est formée la ligue. Au lieu de s'attaquer à ce qui existait depuis des siècles, elle avait un caractère purement conservateur et défensif : elle voulait maintenir intacte contre une innovation radicale, contre l'agression d'une minorité factieuse, l'ancienne constitution de l'État, écrite depuis plus de mille ans dans le cœur des Français, d'après laquelle aucun prince hérétique ne pouvait monter sur le trône de Clovis, de Charlemagne et de saint Louis. Là-dessus, clergé, noblesse ou Tiers-État, Parlement et Sorbonne, tous les grands corps du royaume, à part quelques novateurs qui s'insurgeaient contre le droit, n'avaient qu'un seul et même sentiment. Les catholiques se trouvaient dans un cas de légitime défense : ils soutenaient la tradition, les lois établies. Voilà pourquoi s'il y a eu dans l'histoire un mouvement de résistance légal, c'est la ligue. Henri IV finit par le reconnaître, et sa plus belle victoire c'est d'avoir cédé à des adversaires vaincus. Il n'y a donc pas la moindre analogie entre les deux faits dont je parle. Les premiers chrétiens ne pouvaient, sans manquer à leur devoir, attaquer un pouvoir qui s'était fait *sans eux et avant eux* ; les catholiques de l'ancienne France devaient, sous peine de renier leur droit, défendre un pouvoir qui s'établit *avec eux et par eux*. Les uns et les autres étaient animés du même esprit et s'inspiraient des mêmes principes. » (*Freppel, Cours d'éloquence sacrée*, Tertullien, t. I, 2e édit., p. 152, 153).

péril de leur vie leur foi politique ou leur foi religieuse. La plupart d'ailleurs confondaient dans un même amour la cause du trône et celle de l'autel, que la Convention poursuivait d'une semblable haine. Ils croyaient fermement au succès d'une expédition, qui commençait avec les apparences les plus heureuses. Ils ne se dissimulaient pas non plus qu'elle pouvait échouer, ils n'ignoraient pas le sort qui les attendait, s'ils tombaient entre les mains de leurs ennemis : ils seraient traités comme des criminels, et livrés au supplice infligé à ceux qui prennent les armes contre leur patrie. Mais ils savaient aussi que ce n'est pas le succès d'une cause qui en fait la légitimité : s'ils succombaient sur le champ de bataille, ou si une mort plus cruelle leur était réservée, il leur resterait la meilleure compensation pour les défenseurs d'une cause vaincue, le droit de se regarder comme des martyrs.

III.

LE PAYS CHOUAN.

Le choix du point de débarquement était d'une importance capitale. Aussi y eut-il à ce sujet de fréquents pourparlers entre le cabinet de Saint-James et Puisaye[1]. Ce ne fut qu'après les plus longues discussions qu'on désigna la contrée qui paraissait favoriser le plus le plan de campagne adopté.

On préféra la Bretagne aux deux provinces voisines. La Normandie ne jouissait pas d'une tranquillité complète ; il y régnait une sourde agitation[2] ; mais elle était plus propre à suivre une impulsion qu'à l'imprimer, à seconder un mouvement qu'à le commencer elle-même. La Vendée avait été considérablement affaiblie par les dé-

[1] Thiers : *Histoire de la Révolution*, vol. 7. p. 470.

[2] Puisaye avait envoyé en Normandie Louis de Frotté et Dutrésor, et en Anjou le vicomte de Scepeaux.

sastres des années précédentes et elle était momentanément réduite à l'impuissance par la rivalité de ses chefs, et les deux traités de paix qu'ils venaient de signer[1].

La nombreuse population bretonne, malgré des essais fréquents[2] de pacification, était au contraire frémissante d'impatience. Dans une foule d'engagements partiels, elle avait pris conscience de sa force, et elle brûlait de se mesurer avec les soldats de la république dans des actions plus décisives. — En s'avançant à travers la Bretagne les troupes royales, en même temps qu'elles verraient grossir leurs rangs à chaque pas, provoqueraient un soulèvement général dans l'Ouest. La Normandie sortirait de sa prudente réserve, la Vendée de sa tranquillité apparente. Grâce à l'adhésion de ces deux provinces, elles conservaient les communications les plus faciles avec l'Angleterre par l'Océan, la Manche et le golfe de Gascogne..

Quand on se fut arrêté au choix de la Bretagne, on se demanda quelle partie de son littoral favoriserait le plus le débarquement des troupes et faciliterait l'exécution des premières opérations de la campagne. On avait d'abord jeté les yeux sur les Côtes-du-Nord ; mais en apprenant l'assassinat par les républicains de Boishardy, le principal instigateur du mouvement insurrectionnel dans ce département, et la désorganisation que la funeste influence de Cormatin y avait produite, on renonça à ce projet. On ne songea pas longtemps aux rivages du Finistère qui étaient ou inabordables ou trop bien gardés. Il ne restait plus qu'à tourner les regards vers le Morbihan et à examiner la nature de ses côtes. Sur ce littoral se trouvait une baie qui semblait réunir tous les avantages que l'on pouvait désirer : vaste et profonde, protégée par une ceinture de récifs et de courants terribles, elle offrait à la flotte l'abri le plus assuré et lui permettait de se défendre contre

[1] Charette avait accepté les propositions de paix que lui offrait la Convention, par le traité de la Jaunais, le 17 février 1795. Stofflet acceptait une paix semblable le 2 mai suivant, à Saint-Florent.

[2] Il suffit de se rappeler les longues négociations qui précédèrent le traité de la Mabilais.

toute aggression venue du côté du large ; elle possédait en outre de vastes plages, facilement abordables, à marée haute, aux chaloupes de débarquement, et inaccessibles aux boulets des batteries républicaines. C'était vers ce point qui se dirigeaient les vaisseaux qui transportaient les troupes de d'Hervilly, c'est là que devait descendre à son tour la division de Sombreuil....

On a accusé Puisaye d'avoir, dans la détermination du point de débarquement, plus consulté ses intérêts personnels que ceux de la cause royaliste. Il aurait, dit-on, conseillé au gouvernement anglais de ne point descendre en Vendée, parce que les chefs militaires qui y commandaient déjà lui auraient disputé le commandement de l'expédition, tandis qu'en Bretagne il jouissait d'une autorité incontestée. Il aurait en outre marqué très vivement ses préférences pour les côtes du Morbihan, où on l'avait déjà accueilli avec enthousiasme, et où il trouverait des lieutenants tout disposés à entrer dans ses vues. Il ne paraît pas mériter ce reproche : sans doute ses avis durent peser d'un grand poids sur la décision du gouvernement anglais ; mais, comme les intérêts de son ambition et ceux de la cause qu'il servait trouvaient une égale satisfaction dans le projet qu'il réussit à faire adopter, il ne fut même pas exposé à la tentation de sacrifier les seconds aux premiers. Seulement il pouvait se féliciter de l'heureuse coïncidence qui lui permettait de se consacrer aux uns comme aux autres avec un égal dévouement ; il devait se réjouir à la pensée que le pays où ses ordres seraient le mieux écoutés était en même temps celui où l'expédition avait le plus de chance de réussir......

Il y avait longtemps que la Bretagne, et en particulier le Morbihan, attendait le moment de prendre les armes. Déjà en 1791 La Rouërie avait jeté les bases d'une organisation qui embrassait les cinq départements de la province. Mais la mort l'avait surpris, au moment où il allait grouper dans un faisceau unique toutes ces forces éparses que leur isolement condamnait à l'inaction et à l'impuissance. Aussi la Bretagne demeura-t-elle relativement tranquille, pendant que les Vendéens accomplissaient leurs exploits de géants. Il y eut bien une foule de petits combats, comme à Vannes, à la Roche-Bernard, à Pontivy ; les paysans se réunissaient autour de chefs improvisés, qui avaient toujours de la bravoure et quelquefois du talent[1]. Mais si ces soulèvements partiels, ces tressaillements de l'âme populaire en face de la tyrannie de la Révolution, étaient l'indice de la profonde irritation qui gagnait les esprits, et qui longtemps contenue devait éclater avec une violence terrible, le peu de résultat qu'on en avait obtenu faisait également comprendre la nécessité de réunir sous le commandement suprême et incontesté d'un chef toutes ces forces encore latentes, au moment même où prenant conscience d'elles-mêmes, elles ne demanderaient qu'à agir. C'est alors qu'avait paru Puisaye. Il faut dire à sa louange que cette première partie de son entreprise fut couronnée de succès. Il sut comprendre le peuple qui se confiait à lui. Il ne le jugea pas d'après les apparences auxquelles s'arrêteront plus tard des esprits dédaigneux et superficiels ; il ménagea les susceptibilités, les fiertés de la race ; il vit son attachement à la foi, l'entêtement avec lequel elle était prête à la défendre, et tout le parti qu'on pouvait en tirer pour le triomphe de la monarchie. Ce fut avec une intelligence supérieure de son rôle, avec une infatigable énergie qu'il travailla à lui fournir des armes et à lui donner toute l'organisation dont elle était susceptible. Il reprit les plans de la Rouërie, tout en resserrant davantage les liens qui devaient unir les différents éléments de l'association. Chaque paroisse avait son capitaine ; plusieurs paroisses réunies étaient sous les ordres d'un chef de canton ; trois ou quatre cantons formaient une division, obéissant à un chef qui avait le rang de colonel. Un maréchal de camp commandait dans le département tout entier. Chaque département avait outre un conseil ; au-dessus des conseils particuliers s'é-

[1] Cadoudal : *Vie de Georges Cadoudal*. Voir en particulier le chapitre IV, consacré à l'insurrection de 1793 dans le Morbihan. — Guillemot : *Lettres sur la Chouannerie*, p. 16 *et suivantes*.

levait le conseil suprême de la province. Enfin, Puisaye était le général en chef de « l'armée catholique et royale de Bretagne ». Ce fut après avoir achevé ce vaste travail d'organisation qu'il s'embarqua pour l'Angleterre, le 23 septembre 1794. Il sut mettre un digne couronnement à son œuvre, en amenant le comte d'Artois à le confirmer dans son titre, et à approuver officiellement les mesures que le conseil de l'armée avait prises et les nominations qu'il avait faites[1].

Des cinq départements de la Bretagne, le Morbihan était le plus solidement organisé[2]. Aussi, lorsqu'au mois d'avril 1795, les républicains réussirent à endormir la vigilance des principaux royalistes, en leur faisant accepter les avantages de la paix trompeuse de la Mabilais, la plupart des chefs morbihannais refusèrent de la signer[3]. Ce fut cette contrée de la Bretagne qui soutint contre la Révolution la résistance la plus longue et la plus meurtrière ; qui fournit à la cause catholique ses soldats les plus nombreux et ses chefs les plus intrépides ; c'est à elle surtout que l'on doit l'homme qui par l'énergie de sa foi, sa vigueur physique, sa force morale, sa ténacité et sa rudesse même, semble incarner la Chouannerie bretonne, comme Charette et Cathelineau personnifient la résistance de la Vendée.

Les paysans bretons justifiaient-ils les espérances qu'avaient mises en eux Puisaye ? Connaissaient-ils les motifs et le but du soulèvement ? Leur intrépidité, leurs mœurs militaires, le talent de leurs chefs méritaient-ils qu'on leur confiât les destinées de si nobles causes, comme aux Vendéens, leurs frères ?

« L'histoire manque aux chouans ; elle leur manque comme la gloire, et même comme la justice. Pendant que les Vendéens dorment tranquilles et immortels sous le

[1] Thiers : *Histoire de la Révolution*, p. 102. — Guillemot : *Lettres sur la Chouannerie*, p. 35 et 36.

[2] *Victoires et Conquêtes*, t. v, p. 154, 155.

[3] Cadoudal : *Vie de Georges Cadoudal*, chap. vi. — Guillemot : *Lettres sur la Chouannerie*, p. 40.

mot que Napoléon a dit d'eux, et peuvent attendre, couverts par une telle épitaphe, l'historien qu'ils n'ont pas encore, les chouans n'ont rien, eux, qui les tire de l'obscurité ou les préserve de l'insulte[1] ».

Longtemps on leur a reproché d'avoir été des instruments aveugles d'ambitieux qui abusaient de leur crédulité pour faire triompher leurs intérêts personnels, d'avoir lutté pour un parti dont ils n'avaient pas à se louer, contre un parti dont ils n'avaient pas à se plaindre.

Les paysans bretons, comme les Vendéens, savaient pour quoi et pour qui ils se battaient. Ils poursuivaient à la fois la restauration du trône et le rétablissement des autels : c'était leur droit. Si d'ailleurs ils demandaient au drapeau des Bourbons d'abriter leurs plus chères revendications, ce n'était pas au gouvernement qui les y contraignait à leur en faire un crime.

Le caractère indépendant du peuple breton se fût volontiers accomodé d'une révolution dont les réformes n'auraient porté que sur les institutions politiques et sociales. Peut-être même la substitution d'un gouvernement républicain au gouvernement monarchique, si surtout elle s'était produite sans secousses trop violentes, lui eut causé plus d'étonnement que d'irritation, à la condition qu'elle sût respecter sa foi. Mais il comprit bien vite que la religion ne courait pas de moins grands dangers que la royauté. Il vit fermer les églises, chasser et guillotiner les prêtres ; il se vit interdire à lui-même toutes les manifestations de la foi qui jusque-là remplissaient sa vie entière. Il ne lui était permis de jouir des libertés politiques qu'à la condition de sacrifier la liberté sans laquelle les autres ne sont qu'une forme spéciale de l'esclavage, la liberté de la conscience. La Révolution ne lui permettait pas de faire un choix entre les réformes qu'elle lui offrait. Il lui fallait ou les rejeter toutes ensemble, ou les accepter comme un « bloc » dont aucune parcelle ne pouvait se détacher. Etant donnée la profondeur de sa conviction religieuse,

[1] Barbezy d'Aurevilly : *Préface de l'*ENSORCELÉE. — Balzac dans son *Dernier Chouan* exprime des idées analogues

son parti fut bientôt pris : il les rejeta. Il confondit dans le même dévouement deux causes que la révolution confondait dans une même haine. C'est ainsi que la royauté arriva à bénéficier de la haine que les Bretons vouaient aux persécuteurs de leur foi. Et la fidélité qu'ils lui témoignèrent dans ses malheurs fut plus grande que celle qu'ils avaient montrée au moment de sa gloire et de sa puissance[1].

Les royalistes voulurent mettre ces dispositions au service de leur cause. Sous l'influence des événements, les intérêts politiques, les passions étrangères, les mécontentements personnels acquirent la prépondérance, là où ils n'avaient d'abord été qu'une préoccupation secondaire. Mais considérée dans son origine, la chouannerie fut un soulèvement avant tout religieux.

Les pires ennemis étaient d'ailleurs contraints de le reconnaître. Même après quelques années de lutte, il eût suffi d'offrir avec sincérité la liberté religieuse pour faire tomber les armes des mains. Le général républicain Krieg disait au représentant du peuple Bollet : « Les rebelles du Morbihan..., ont le fanatisme de la ci-devant religion, nous celui de la liberté[2]. » Voici un témoignage plus explicite encore. Il est d'autant moins suspect que celui qui le portait était placé dans le pays même qu'on peut regarder comme le centre le plus actif du mouvement insurrectionnel. Faverot, commissaire du pouvoir exécutif à Vannes, écrivait, en 1796, au ministre de la police générale à Paris : « On se serait grandement trompé, si on avait cru qu'ils (les chouans) s'étaient armés pour la cause du trône. C'était bien la cause de la guerre civile dans l'esprit des chefs : ils se battaient pour le roi, et les paysans pour leurs prêtres[3]. » Hoche lui-même, de passage à Vannes,

[1] Dans la *Vie de Georges Cadoudal*, voir les deux premiers chapitres où ces idées sont longuement développées et prouvées.

[2] *Vie de Georges Cadoudal*, p. 171.

[3] *Lettre de Faverot de Kerbrech à Cochon de Lapparent, en date du 25 vendémiaire an V (17 octobre 1796)*. Le double est conservé aux archives de la préfecture de Vannes.

après avoir étudié tous les moyens de pacification, osé indiquer au Directoire la cause et le remède de la chouannerie : «... Je vous en conjure, ne vous mêlez pas de ce qui a rapport au culte, si vous ne voulez pas rendre la guerre interminable[1].

Assurément les généraux et les commissaires de la république ne voulaient que faire connaître les motifs de la révolte. Ils ne songeaient pas à l'excuser. Notre époque est plus impartiale. Des écrivains qui ne vont pas jusqu'à proclamer la nécessité d'une insurrection en faveur de celle de nos libertés que la révolution revendique comme la plus précieuse, ne sont pas éloignés de regarder l'explication fournie par les adversaires de la Chouannerie comme sa justification. Ceux même qui regrettent les violences et les crimes qui furent commis de part et d'autre n'osent pas nier la légitimité du principe qui provoqua la guerre civile...

Agitez le milieu social le plus calme en apparence, vous verrez paraître à la surface les passions les plus viles, les instincts les plus odieux qui se cachaient dans les bas-fonds... Les chefs de la Chouannerie avouent qu'ils ont trouvé dans leurs troupes des soldats indignes qui déshonoraient leur parti en se livrant au pillage, à la satisfaction de haines particulières, à tous les excès... Sans doute, ils faisaient des répressions sévères; mais ils ne pouvaient connaître, encore moins prévenir toutes les fautes. S'ils ont la franchise de ne pas les dissimuler, ils ne veulent pas cependant qu'on rende coupable tout un parti des crimes individuels qu'ils sont les premiers à condamner, non plus que l'on ne songe aujourd'hui à rejeter sur les armées régulières les actes isolés que le code militaire peut bien prévoir, mais qu'il ne réussit pas toujours à atteindre[2].

Quand il s'agit des mesures violentes prises par les con-

[1] *Lettre du 17 avril 1796*. Voir toute la lettre dans *Vie de Georges Cadoudal*, p. 163.

[2] *Vie de Georges Cadoudal*, p. 172.

seils, ordonnées par les chefs et devenues la pratique courante des chouans, quelques-uns les ont regardées comme absolument blâmables et n'ont pas voulu qu'on invoquât les circonstances atténuantes. D'autres au contraire s'en sont faits les ardents apologistes : quand on lit les pièces de cet intéressant débat où il va de l'honneur de toute une génération qui lutta si énergiquement pour sauver sa foi, si on ne peut admirer des procédés dont on voudrait prévenir à jamais le retour, on sent bien des préjugés se dissiper et disparaître. Quand on hésite à accorder sa pleine et entière approbation, on craint encore davantage de condamner.

Ils enlevaient des caisses publiques. — Mais à qui appartenait l'or qu'elles renfermaient ? N'était-ce pas le tribut que la Convention prélevait injustement sur une population qui subissait la tyrannie plutôt qu'elle n'en reconnaissait la légitimité ? Les chouans qui se donnaient comme les vrais défenseurs du pays — et qui l'étaient —, ne pouvaient-ils pas regarder comme à eux cet argent dont on n'avait le droit de se servir que dans l'intérêt du pays à qui on l'avait arraché ?

S'ils tuaient parfois sans pitié les prêtres jureurs et les magistrats jacobins qui leur tombaient entre les mains, c'est qu'ils se trouvaient en cas de légitime défense. C'étaient là leurs plus mortels ennemis. Les uns dénonçaient le lieu de leur retraite, les autres les faisaient traquer et massacrer comme des bandits[1].

Quand ils voyaient leurs prêtres ou leurs chefs impitoyablement mis à mort par les républicains, ils croyaient avoir le droit de recourir à des représailles. Ils se trompaient. Le droit de représailles n'existe pas. Mais l'historien impartial ne peut avoir des termes différents pour qualifier des actes semblables et ne doit pas nommer assassinats chez les chouans ce qu'on appelait exécutions chez leurs adversaires.

Leur consigne était de ne pas faire de prisonniers. Les

[1] *Vie de Georges Cadoudal*, p. 167 et 219.

apologistes qui veulent les justifier en tout n'ont pas oublié de soutenir que cette cruelle mesure est une nécessité malheureuse des guerres civiles[1]. Il eut été plus habile de rappeler que les chouans n'y recouraient pas souvent et de raconter qu'un jour ils abandonnèrent un chef que leurs instantes prières ne purent amener à épargner les vaincus[2]. S'ils avaient condamné ce prétendu droit, ils eussent été plus recevables à dire que l'exercice en devient particulièrement odieux dans le cas où les prisonniers ont obtenu la promesse de la vie en vertu d'une capitulation sur le champ de bataille, et qu'on ne cite pas un seul exemple où les chouans aient violé leur promesse.

Mais il est un parti en France qui doit s'interdire d'apprécier sévèrement la Chouannerie, c'est celui qui révolta les paysans bretons par sa tyrannie insupportable, et qui employa, pour les combattre, des procédés réprouvés par le droit des gens.

Il y eut bien un brigandage organisé en Bretagne. Pendant la guerre civile, le pays fut inondé par des bandes qui n'avaient d'autre mission que de piller, d'incendier et d'assassiner. A les juger sur les apparences, on eût dit que ces gens appartenaient à la Chouannerie : ils en portaient le costume ; ils en avaient la cocarde blanche, le scapulaire et le chapelet[1] ; ils savaient prier « le ci-devant Bon Dieu » et crier : « Vive le roi ». — Mais ils n'avaient de chouan que le nom et l'habit. La république avait recruté des gens perdus de vices dans les bagnes, les prisons et les rues[3]. Elle en avait composé des bandes ,

[1] Dans une lettre que Rio, l'auteur de la *Petite Chouannerie*, écrivait au journal l'*Univers*, le 24 mars 1851, on lit les lignes suivantes : « Tout chef qui élève un drapeau d'insurrection se condamne d'avance à des nécessités terribles dont il ne peut être absous que par la justice de la cause qui lui a mis les armes à la main. » Nous ne pouvons souscrire à un jugement qui nous paraît plus que contestable.

[2] *Vie de Georges Cadoudal*, p. 173. — Muret : *Histoire des guerres de l'Ouest.*

[3] Cette accusation est tellement grave qu'on ne nous pardonnerait pas d'en donner les preuves incontestables.

a) *Lettre de Krieg au représentant Rollet* : « Les rebelles du Morbihan sont de bons soldats, de braves gens... ce qui fait le mal dans ces puis elle les postait le long des chemins ou les expédiait contre les villages. Leur mission consistait à commettre les crimes les plus horribles, que la ressemblance du costume ferait aisément attribuer aux soldats de la Chouannerie. Si ce procédé était déloyal, il était bien choisi et il ne réussit que trop bien. La calomnie fut habilement exploitée ; on parvint à égarer l'opinion ; elle enveloppa dans une même réprobation les vrais chouans qui combattaient la convention en soldats, et les faux chouans qui la servaient en bandits.

On ne s'y trompa en Bretagne, au moins pendant la Révolution. Mais une sorte de fatalité devait poursuivre les chouans : non seulement leur nom était en horreur dans le reste de la France, grâce à leur assimilation avec des criminels ; il devait aussi perdre l'estime et l'admiration

contrées, c'est le galérien qui fourmille et dont on fait de véritables chouans de contrebande. Hoche, pour son honneur, nous en débarrassera, j'espère. Mais il est temps d'arrêter ces brigandages, dont les rebelles ne sont pas plus dupes que les administrateurs, on les appelle les *faux-chouans*. Au langage et à la tenue, ils sont si reconnaissables, qu'il n'y a pas moyen de s'y tromper. Dis donc à Hoche et à Chérin de faire sabrer cette canaille. »

b). *Lettre de Rossignol, en date du 25 germinal* an IV (4 avril 1796) : « J'ai rencontré quelques bandes de nos amis qui font bien leur besogne... ces insurgés-là ont été démasqués par les vrais brigands (lisez : les chouans), et ils disent qu'il n'y a plus de sécurité pour eux. Les chouans les attaquent : ils les reconnaissent au parler et aux cheveux, qui n'ont pas encore eu le temps de pousser assez longuement. Je pense qu'on pourrait les utiliser ailleurs : ils ont fait leur coup ici et ont fait abhorrer les brigands; nous n'en demandons pas davantage : il y a fureur contre ces monstres. Les patriotes s'enthousiasment au récit des horreurs qu'ils commettent... »

c). *Lettre de Sotin, ministre de la police, au commissaire Oudard* : « Il faut que la Chouannerie soit déshonorée dans ses œuvres vives... Je vous envoie des Jacobins, qui rendront, en Bretagne, d'immenses services. Ce qu'ils détestent le plus, ce sont les chouans. Laissez-les faire. Donnez-leur de la besogne. Qu'ils soient barbares, en criant : *Vive le Roi*, et en priant le ci-devant bon Dieu. Faites dresser des procès-verbaux par les compères des administrations départementales. Qu'on m'adresse tout cela avec des détails horribles et des circonstances saupoudrées de larmes. Le reste me regarde. »

d). Voir le décret du 4 septembre 1796, par lequel la Convention organise une ou plusieurs compagnies de faux chouans dans chaque division des armées de Brest, de Cherbourg et de l'Ouest, pour surprendre et tuer les officiers chouans.

qui s'étaient d'abord attachés à lui dans le pays même où il avait été glorieusement porté. Une nouvelle confusion se produisit sous le premier Empire et sous le gouvernement de Juillet. Le nom de chouan servit à désigner des gens qui n'y avaient aucun droit. Ils refusaient d'obéir à un pouvoir auquel ils ne voulaient pas reconnaître le droit de leur commander. Mais, loin que leur révolte eût des raisons sérieuses comme celle qu'ils prétendaient continuer, elle est condamnée par les principes mêmes qui expliquent et qui justifient l'insurrection de 1793 et 1795. Les premiers chouans prenaient les armes contre des adversaires qu'ils avaient raison de considérer comme des perturbateurs de la société et des persécuteurs de leur foi. Mais le temps avait accompli son œuvre d'apaisement et de pacification. La religion catholique, officiellement proclamée religion de la grande majorité des Français, jouissait d'un régime fait de tolérance et de liberté, qui, sans être l'idéal, ne laissait pas d'être supportable. Quant au pouvoir, accepté, consenti, ou même voulu par la nation, il avait droit à l'obéissance de ceux mêmes dont il n'avait pas obtenu les sympathies. Les rôles étaient donc changés. Ce qui était juste au temps de la Convention devenait, sous Napoléon et Louis-Philippe, criminel, indépendamment de l'opinion de ceux qui se soulevaient dans des circonstances si différentes. Les nouveaux révoltés voulaient qu'on les regardât comme les continuateurs de la grande Chouannerie : mais en réalité, ils n'avaient d'autre but que d'échapper aux fatigues et aux dangers du service militaire. Tandis que les chouans ne repoussaient la conscription que pour attaquer ceux qui voulaient la leur imposer, eux se cachaient pour n'avoir pas à combattre. C'est avec raison que le gouvernement les regardait comme des déserteurs et des réfractaires[1]. C'est avec raison aussi que la population voyait

[1] Il ne faudrait pas cependant porter un jugement trop sévère sur tous ceux qui refusaient de porter les armes pendant le premier Empire et sous la monarchie de Juillet. Leur répugnance à servir des gouvernements jugés par eux usurpateurs et foncièrement irréligieux explique, sans l'excuser, le mouvement de révolte qui les jeta dans le parti des réfractaires. C'est ce qui fait comprendre aussi l'indulgence

en eux des ennemis dangereux : condamnés à l'oisiveté dans la période la plus active de la vie, d'une moralité suspecte, prenant par force ce qu'on ne leur donnait pas de gré, exerçant une sorte de terreur dans leur voisinage, quand il ne se cachaient pas par peur du gendarme, ils ont laissé les plus désolants souvenirs. Le nom de chouan dont ils avaient l'habileté de couvrir leurs méfaits devint peu à peu, grâce à leur triste renommée, une sorte de flétrissure dans le pays même, où il avait d'abord signifié héroïsme et dévouement. Voilà comment on peut expliquer la contradiction apparente si souvent signalée dans les appréciations de la population bretonne, qui exècre, le nom de chouan, tout en se montrant remplie de vénération pour ceux qui les portèrent les premiers. Ceux-là... elle n'a jamais varié sur leur compte : elle les a toujours regardés comme des héros, presque comme des saints...

C'est sans doute, par ce que les chouans ont été souvent assimilés à des gens, avec lesquels il semble qu'on ne pût jamais les confondre, que, beaucoup de leurs amis ont hésité non seulement à les réhabiliter, mais encore à mettre en lumière leurs mérites les plus incontestés.

En voyant les préventions dont ils étaient l'objet, on n'a toujours osé rendre hommage même à leurs qualités militaires que leurs ennemis ne pouvaient s'empêcher d'admirer. La conspiration du silence a suivi la conspiration de la calomnie.

Ici pourtant leurs apologistes avaient la partie belle : il ne s'agissait plus de justifier, mais de raconter.

Les chouans, avaient adopté une tactique, où les guérillas se couvrirent de gloire vers la même époque, et où les

de certaines appréciations. Quelques-uns d'entre eux d'ailleurs ont su acquérir une certaine sympathie par leur courage extraordinaire, par leur habileté, et leurs luttes épiques contre les gendarmes. C'est surtout à ce dernier point de vue que se sont placés pour les juger M. l'abbé Guilloux dans le chapitre qu'il consacre aux réfractaires de Brandivy. (*Etudes sur une paroisse bretonne*), et M. l'abbé Camper dans l'intéressant feuilleton publié par la *Croix du Morbihan* (1893). Mais il ne viendra jamais à l'esprit de personne de confondre les prouesses des Guennec, des Mandart, des Laventure et des Duvéhat avec l'héroïsme désintéressé de Guillemot, de Cadoudal, de Gamber.

francs-tireurs s'illustraient naguère encore. Comme les premiers faisaient à nos soldats la guerre de montagnes, les autres aux Allemands la guerre de ravins et de bois, eux faisaient aux républicains la guerre de forêts et de buissons. C'était ce genre de guerre que Du Guesclin avait déjà inauguré en Bretagne pendant la guerre de Cent ans : il lui avait été inspiré par la configuration du sol et par le caractère des soldats qu'il recrutait. Sous la Révolution, l'ennemi n'était plus le même ; mais le terrain n'avait pas changé, et les descendants des partisans de Du Guesclin ressemblaient bien à leurs pères. Cette guerre, que des troupes régulières répugneraient à faire, était, aux deux époques dont nous parlons, une nécessité. Est-ce des troupes de Du Guesclin ou de celles de la Chouannerie que l'on a porté ce jugement que la raison même semble avoir dicté : « Ce qu'il fallait d'ailleurs, c'étaient des hommes jeunes, pauvres, endurcis aux privations, surtout connaissant à fond le pays par une longue habitude, capables de se retrouver par certains indices au milieu de l'immensité des landes, de l'épaisseur des bois, sachant les sentiers écartés, les chemins perdus, les défilés des routes, les clairières inconnues des forêts susceptibles d'offrir un refuge en cas de poursuite, des fourrés où l'on peut s'embusquer...... Qui réunit mieux ces conditions que des paysans jeunes et bien choisis, de vigoureux gars, comme on les appelle encore en Bretagne[1] ?....

En 1795, le Morbihan comprenait à lui seul de douze à quatorze bandes de partisans qui ne concertaient de mouvements d'ensemble que dans de très rares circonstances[2]. Unies entre elles par la communauté du but, elles étaient

[1] Nous empruntons cette citation à un des maîtres dont l'opinion fait loi en histoire. Voir Siméon Luce : *Bertrand du Guesclin*, p. 75.

C'est à lui que nous devons aussi l'idée du rapprochement que nous avons établi entre les deux époques. : « Cette vie de surprises, d'embuscades, d'escarmouches perpétuelles, cette chasse à l'affut dans les genêts, les bruyères offrent plus d'un trait de ressemblance avec l'existence que menèrent les chouans, dans les mêmes parages, à l'époque de la Révolution... »

[2] *Vie de Georges Cadoudal*, p. 70. — *Lettres sur la Chouannerie*, p. 2.

presque indépendantes les unes des autres dans leurs opérations. Dociles à la voix de leur chef, les soldats d'une division se réunissaient brusquement ; ils faisaient une expédition hardie, délivraient un convoi de prisonniers, attaquaient un poste ennemi, favorisaient un débarquement..... La campagne durait huit jours, un mois, rarement davantage. Quand elle était terminée. ils se dispersaient, rentraient chez eux, se livraient aux occupations ordinaires, pendant que leur chef, la main frémissante toujours étendue sur eux, pour les rassembler en un clin d'œil, continuait à surveiller le pays et à guetter les événements.

Ce partage des troupes de la Chouannerie multipliait ses forces, en lui permettant de diriger les attaques les plus imprévues sur un grand nombre de points. Les généraux républicains contraints d'accepter un genre de guerre qu'ils ne connaissaient pas aussi bien, obligés de repartir en un grand nombre de colonnes disséminées dans le pays leurs soldats plus habitués aux manœuvres régulières, divisaient les leurs. « L'insurrection de la rive droite de la Loire est bien autrement redoutable, que n'a pu l'être celle de la rive gauche », s'écriait Hoche éperdu[1]. Si les Bretons s'étaient massés en grandes lignes, comme les Vendéens et qu'ils eussent voulu combattre en rase campagne, leur sort était connu d'avance : jamais leur nombre et leur intrépidité n'auraient pu avoir définitivement raison d'adversaires également courageux qui à l'avantage de posséder des armes incomparablement plus puissantes joignaient une supériorité tactique incontestable. — Leur éparpillement ne leur permettait pas d'avoir de « ces grandes journées que le soleil et la gloire éclairent à l'envi de leurs rayons ». Mais la guerre n'en était pas pour cela moins meurtrière pour leurs ennemis et pour eux-mêmes : « ils tombaient dans des combats obscurs, livrés par des héros ignorés[2] ». Le pays était devenu un vaste champ de bataille, où la fusillade éclatait

[1] *Vie de Georges Cadoudal*, p. 135.
[2] Edmond Biré.

tantôt sur un seul point, tantôt sur plusieurs à la fois et ne se taisait jamais, où de nuit comme de jour, il y avait des marches et des contremarches perpétuelles, où, quand on croyait surprendre enfin un ennemi jusque là insaisissable, il fallait songer à échapper à une autre troupe qui voulait vous surprendre à son tour, où il fallait toujours avoir la main sur ses armes, et même pendant son sommeil, où, pour un chouan qui tombait, six républicains mordaient la poussière, si bien qu'on ne craindrait pas de louer l'habileté des chouans et même le succès de leurs armes, si l'on ne se rappelait que c'était des Français qui se trouvaient sur le passage de leurs balles.

Parfois leur histoire parait atteindre la grandeur épique.

Déguenillés, chaussés de gros sabots, leurs longs cheveux livrés au vent ou emprisonnés sous de vastes chapeaux, n'ayant d'autres armes, en dehors de celles qu'ils enlevaient à leurs ennemis, que des instruments de travail ou de vieux fusils rouillés, ils marchaient, ils couraient au feu avec une énergie farouche qui se peignait sur leurs traits soudainement devenus durs, avec un enthousiasme qui avait sa source dans l'ardeur contenue de la race et dans les inébranlables convictions de la foi. A côté des nobles qui n'avaient pas cru se déshonorer en se mettant à leur tête, comme de Silz, Lantivy, Bois Berthelot....., ils avaient des chefs trouvés dans leurs rangs : Georges Cadoudal, sorte de Du Guesclin, à qui la fortune a manqué plus que le courage et le talent ; Mercier, que la Vendée envoyait à la Bretagne, comme la Bretagne lui avait envoyé Georges Cadoudal : tous deux unis par une amitié indestructible qui symbolisait celle des deux provinces ; Gamber, d'Elven, qui n'avait qu'à frapper du pied le sol pour en faire sortir des soldats, qui, le soir après les manœuvres, les alignait le long d'un fossé, et présidait à la prière en commun, comme il savait commander le feu ; Guillemot, le roi de Bignan, qui se battit comme un héros et mourut comme un saint..... A la suite de ces chefs qu'ils priaient souvent de les diriger, ils se jetaient dans une guerre qu'ils regardaient comme juste et nécessaire, et ils sacrifiaient tous les intérêts et jusqu'à leur vie à la sainteté de leur cause. Rien ne pouvait lasser leur dévouement : ils vivaient comme des proscrits sur une terre où ils auraient pu être heureux ; ils s'exposaient à la mort dans les innombrables combats qu'ils livraient ; ils savaient qu'on les aurait fusillés, si on les avait pris les armes à la main. Ils n'ignoraient pas qu'ils attiraient sur leurs familles des représailles qui n'épargnaient ni les vieillards, ni les femmes, ni les enfants : ils luttaient sans repos, sans trêve. La Convention avait beau lancer sur la Bretagne ses colonnes mobiles qu'elle recrutait sans cesse dans le reste de la France, la Chouannerie renaissait toujours..... Et pendant que les hommes valides luttaient à la lisière des bois ou dans les chemins creux, ceux qui étaient incapables de combattre priaient Dieu de donner du courage à ceux qui s'étaient levés « pour défendre la religion et les prêtres ».

Voilà ce que furent les chouans[1]. Voilà l'idée que l'on garda d'eux pendant de longues années. Leur gloire avait été si pure que même après qu'on eut exploité pour les déshonorer les crimes et la lâcheté de ceux qui s'approprièrent leur nom, on ne réussit qu'à la ternir, on ne put la voiler entièrement[2]. Aujourd'hui encore les noms des principaux d'entre eux vivent dans quelques mémoires

[1] Telle était aussi l'idée que s'en faisaient les républicains. Il y a entre le langage et les actes des adversaires des chouans une contradiction qu'il est impossible d'expliquer. Ils n'oublient jamais de les appeler des *brigands*, des *rebelles*, des *fanatiques* ; lorsqu'il s'agit de leur proposer des traités de paix, ils les traitent comme des belligérants honorables.

Voir Thiers (*Histoire de la Révolution*, vol. 7, page 354 et 469). Au moment où se discutaient les clauses du traité de la Mabilais, Cormatin, qu'on regardait comme le chef attitré de la Chouannerie, reçut à Rennes un véritable triomphe. L'uniforme de chouan, qu'il portait ostensiblement ainsi que ses officiers, devint à la mode. Et ce n'était pas seulement l'opinion publique qui se montrait favorable. Par ce même traité de la Mabilais, « Les chefs de chouans avaient obtenu l'organisation de leurs meilleurs soldats en compagnies régulières, sous le prétexte d'assurer la police du pays ». Hombert et Hoche traitaient donc d'égaux à égaux avec les officiers chouans. Est-ce ainsi qu'on agit avec des brigands ?

[2] *Vie de Georges Cadoudal*, p. 168. — *Lettres sur la Chouannerie* p. 51.

respectueuses, aussi vénérés que dans les premiers jours ; mais, les temps continuant à marcher, ils vont être privés de ce dernier asile, en attendant qu'un historien raconte leur vie et leur mort, et fasse graver sur leur tombe, comme on l'a fait pour celle des Vendéens, leurs égaux en sainteté et en héroïsme, une épitaphe glorieuse, vengeresse de l' « insulte » et victorieuse de l' « oubli ».

LA RESPONSABILITÉ DES MASSACRES

I

TALLIEN. — LA CONVENTION. — LE COMITÉ DE SALUT PUBLIC.

C'était Tallien qui devait faire connaître à Paris les événements de Quiberon. Il quitta la presqu'île presque en même temps que les prisonniers.

Tallien est un des personnages les moins sympathiques de la Révolution. On a beau étudier sa conduite, observer ses actes, scruter ses paroles, on ne découvre en lui qu'un monstrueux égoïsme. Proconsul à Bordeaux, il y établit le règne de la Terreur, comme Lebon à Arras, et Carrier à Nantes. Mais, plus habile que ceux dont il imitait la froide cruauté, il sut prévoir la réaction ; il voulait échapper à la fois au châtiment que méritaient ses crimes et aux pièges que lui tendaient ses adversaires politiques. Dominé par la peur, il devint le principal auteur du 9 thermidor. Il poursuivit implacablement les plus fougueux terroristes et resta pendant deux ans l'homme le plus en vue de la Révolution. — En 1795, il était à peine âgé de vingt-six ans. Il avait un extérieur agréable, le regard doux, la physionomie bienveillante.

C'est du courage de cet homme que le sort des prisonniers allait dépendre.

S'il ne craignait pas d'exposer avec sincérité et sans la

moindre réticence les faits dont il avait été témoin, s'il osait rappeler la réalité, la solennité de la capitulation et les avantages qu'elle offrait aux deux partis, les prisonniers étaient sauvés. Sans doute, les Jacobins crieraient au scandale, ils auraient beau jeu pour accuser de royalisme l'homme qui avait épousé madame de Fontenay ; la Convention pourrait témoigner son mécontentement : mais les émigrés jouiraient de la capitulation qu'ils avaient obtenue — Si au contraire, Tallien se souvenait des intérêts de sa réputation, s'il n'avait pas l'audace d'affronter les imputations calomnieuses de ses adversaires, s'il avait peur de revendiquer l'initiative d'une mesure juste, mais quelque peu compromettante, les émigrés étaient perdus. La capitulation existait, mais ils ne pourraient en bénéficier ; Tallien ne parlerait pas, et il était sûr d'avance du silence de Hoche et de la complicité de Blad.

En quittant la Bretagne, il paraissait bien décidé à faire prévaloir les idées de justice et de modération. Mais à mesure qu'il s'éloignait du théâtre des événements, son courage diminuait. Rouget de Lisle qui l'accompagnait nous a révélé les sentiments qui l'animaient pendant le voyage et les préoccupations qui l'assiégeaient. La nuit, soit en voiture, soit dans la chambre d'auberge où l'on descendait, Tallien se réveillait parfois en sursaut et demandait à son compagnon de route par quels moyens il arriverait à sauver les royalistes. Son discours se divisait en deux parties : dans la première, il ferait un tableau brillant de l'affaire de Quiberon, il montrerait l'humiliation des émigrés, la bravoure des soldats républicains, l'héroïsme de Hoche, et les résultats de la victoire ; après avoir porté au plus haut point l'enthousiasme de l'assemblée en flattant son patriotisme, dans la deuxième partie « il demanderait au nom de l'humanité, de la victoire, du général et de son armée, l'amnistie entière pour les insurgés et que la vie ne fût accordée aux émigrés que sous la condition irrévocable du bannissement. »

Mais peu à peu l'image des prisonniers et le souvenir des événements perdaient de leur netteté, s'évanouissaient.

et laissaient la place au spectre terrible et menaçant de la Convention. Il se rappelait aussi les appréhensions dont sa femme lui avait fait part, avant son départ de Paris et même depuis. Il arrivait à craindre, comme elle, que la mission qu'on lui avait donnée dans les départements ne fût un piège habile, et que ses ennemis n'eussent l'intention de lui reprocher soit de renouveler le terrorisme, s'il sévissait contre les victimes, soit de tomber dans la modération, accusation bien plus redoutable encore. Chaque jour, chaque heure voyait augmenter son irrésolution[1].

Rouget de Lisle l'accompagna chez lui. Ils trouvèrent madame Tallien dans des sentiments qui n'étaient pas de nature à favoriser des dispositions courageuses chez son mari. Lanjuinais venait de la quitter. Le député breton s'intéressait beaucoup aux événements du Morbihan et il faisait de fréquentes visites à madame Tallien, soit pour apprendre d'elle les nouvelles qu'elle avait reçues directement, soit pour lui faire savoir celles qu'on avait communiquées à l'assemblée. Il ne lui avait pas caché que, depuis son départ, Tallien était exposé aux accusations les plus terribles, et que le gouvernement recevait chaque jour contre lui les dénonciations les plus redoutables ; les royalistes disaient dans toute l'Europe qu'il était vendu à leur cause, et que l'événement de Quiberon le prouverait encore mieux que le 9 thermidor. Ses adversaires exploitaient habilement tous ces bruits mensongers[2].

Bien que Rouget de Lisle n'y fasse pas la plus petite allusion dans son récit, Lanjuinais et par conséquent madame Tallien n'ignoraient pas les dépêches que les conventionnels Topsent et Corbel avait déjà envoyées à Paris, de Lorient et de Brest. L'un en parlant des émigrés demandait qu'on envoyât « ces messieurs faire leur paradis dans l'éternité le plus tôt possible » ; l'autre exigeait « que la fusillade en fît raison ». Le directoire du Morbihan avait

[1] *Souvenirs historiques de Quiberon*, publiés par Rouget de Lisle, dans les *Mémoires de tous*.

[2] *Ibidem*.

dû, lui aussi, écrire au « comité de salut public » pour demander des mesures de rigueur, du moins à en juger par les arrêtés qu'il prenait[1].

Madame Tallien était encore émue des révélations que Lanjuinais venait de lui faire, lorsque son mari arriva. Pendant qu'elle parlait, dit Rouget de Lisle, Tallien me regardait fixement, et je lus dans ses yeux que je ne devais plus compter sur son intervention en faveur des prisonniers.

Rouget de Lisle ne croyait pourtant pas avoir de preuve absolument certaine des changements survenus dans l'esprit de Tallien. Il fut, ce soir là, obligé de se retirer sans avoir pu l'entretenir seul à seul; mais le lendemain, il courut chez lui de bonne heure. Il ne le trouva pas. Il alla le rejoindre à la Convention[2].

Quand on lit l'histoire de la Convention après le 9 thermidor, on est étonné, choqué même de la contradiction qui la remplit tout entière; jamais on ne travailla autant à mettre les actes en opposition avec les discours.

Cette assemblée était placée entre deux partis qu'elle combattait avec un égal acharnement, le parti de ceux qu'elle appelait des jacobins, et le parti de ceux qu'elle nommait des royalistes ou des modérés. Elle avait la prétention de se tenir à égale distance des excès de ces deux sortes d'adversaires, des rigueurs tyranniques des uns, des concessions compromettantes des autres. Cette position n'était pas tenable. La Convention devait pencher d'un côté ou de l'autre.

En réalité, le 9 thermidor ne réagit que contre certaines individualités et certains procédés. Ce coup d'Etat ne changea rien aux principes qui demeurèrent inflexibles. Il y a des héritages et des traditions qu'on ne répudie pas. Fatalement elle suivait la pente où elle s'était placée dès le début et qu'elle avait déjà descendue volontairement. De là le maintien des lois votées pendant la Terreur, de là des

[1] Alfred Nettement, *Quiberon* p. 225, 226.

[2] Rouget de Lisle, *Souvenirs historiques de Quiberon.*

mesures aussi rigoureuses et des arrêts aussi cruels que ceux qui avaient précédé ....

Et pourtant, jamais assemblée politique n'entendit prononcer si souvent les mots d'humanité, de justice, de clémence. On mettait dans un des plateaux de la balance les actes, et dans l'autre les paroles. On s'imaginait maintenir ainsi l'équilibre. Hélas ! l'histoire a trouvé que le premier plateau était bien lourd, et l'autre bien léger.

C'est dans la Convention que Faure parlait ainsi : « Se pourrait-il que la *Montagne*, dont nous ne nous rappellons l'insolente domination qu'avec douleur, qu'avec effroi, s'agitant encore, crût reprendre son influence funeste et sa meurtrière domination ? Ses membres croient-ils pouvoir d'un geste répandre sur la république entière la désolation et la mort... ! Non, nous le jurons par le 9 thermidor, nous le jurons par la liberté, nous répandrons jusqu'à la dernière goutte de notre sang, avant que le règne de la terreur soit rétabli sur cet empire trop longtemps désolé[1] »... Siéyès, dans son rapport sur l'établissement d'un jury constitutionnaire, disait : « Quel esprit juste, quel cœur sensible n'a pas regretté vivement le droit de faire grâce, aboli parmi nous parce que on l'a confondu avec l'idée d'une prérogative royale ? »[2]. — « Puisse cette fête de la liberté s'écriait à son tour Daunou, être le prélude de la concorde de tous les Français. Que les flambeaux de la vengeance viennent s'y éteindre, et que l'impartiale et douce équité, poursuivant le crime et pardonnant à l'erreur, enchaîne à jamais les passions farouches que l'on voit mugir autour d'elle. La première pierre de l'autel de la clémence doit être posée par nous. Ce n'est pas seulement le serment d'être justes, c'est encore celui d'être humains et frères que nous devons prononcer[3]. » Baudin, flétrissant la tyrannie du gouvernement de Robespierre, ajoutait : « Longtemps, nous avons mis en affiche à la porte de nos maisons

[1] Séance du 13 thermidor, an III.
[2] Séance du 22 thermidor, an III.
[3] Séance du 23 thermidor, an III.

la fraternité qui n'était que celle de Caïn et d'Abel[1]. » Il n'y avait pas d'orateur qui ne se crût obligé de semer ces mots dans ses discours.

Jamais peut-être on ne les prodigua autant que dans la séance où Tallien devait parler des émigrés de Quiberon.

L'assemblée s'est réunie tôt. Il n'est que dix heures. Tous les représentants sont en costume. Un public immense remplit les tribunes. C'est moins une réunion politique qu'une véritable fête nationale[2].

On est au 9 thermidor 1795 ; on doit célébrer l'anniversaire de la chute de Robespierre, et de la fin de la Terreur. De plus on a entendu vaguement parler d'une victoire remportée sur les émigrés par la république ; Tallien, le héros du 9 thermidor, serait arrivé de l'Ouest avec cette heureuse nouvelle.

Au début de la séance, Larévellière-Lépeaux fait observer qu'il sera beau « d'unir dans le même jour le chant de la justice et de l'humanité au chant de la victoire. ».

Courtois lit d'abord sur le 8, le 9 et le 10 thermidor de l'année précédente un discours, où la Gazette nationale admire « l'érudition, la touche mâle et fleurie » de l'orateur. Pour nous ce n'est qu'une pauvre déclamation remplie de plates injures et suant encore la peur[3].

L'Institut national de musique chante ensuite l'hymne du 9 thermidor, sur un air de Méhul. Les strophes de Marie-Joseph Chénier ne sont pas d'une très haute inspiration. Nous ne les citons que pour faire voir quels sentiments applaudissaient volontiers les conventionnels.

Salut, neuf thermidor, jour de la délivrance :
Tu vins purifier un sol ensanglanté ;
Pour la seconde fois, tu fis luire à la France
Les rayons de la liberté.

[1] Séance du 1 fructidor, an III.

[2] Voir le compte rendu de la séance du 9 thermidor dans la *Gazette* ou *le Moniteur universel* qui se publiait à l'époque même.

[3] Cette appréciation est d'Albert Duruy, *Revue des Deux-Mondes*, 15 juin 1884.

Renverse, ô liberté ! cet autel homicide,
Où l'horrible anarchie, un poignard à la main,
Comme autrefois Diane aux monts de la Tauride,
S'apaisait par du sang humain.

Vous que chante en pleurant l'amitié solitaire,
Femmes, guerriers, vieillards, beauté, talent, vertus,
Vous ne reviendrez pas consoler sur la terre
Vos parents qui vous ont perdus.

Oui, pour la république un nouveau jour commence :
Nous verrons, à la voix de vos mânes proscrits,
L'humanité dressant l'autel de la Clémence
Sur vos respectables débris.

Première déité, des lois source immortelle,
Toi qu'on adorait même avant la liberté,
Toi, mère des vertus, véritable Cybèle,
Touchante et sainte humanité,

Unis des intérêts qui paraissaient contraires.
Un cœur qui sait haïr est toujours criminel :
Au festin de l'oubli viens rassembler des frères.

Ces chants sont souvent interrompus par les plus vifs applaudissements. Puis, après quelques paroles de Grégoire, la musique exécute le pas de charge. « Il est une heure ; soudain un grand silence, interrompu presque aussitôt par un tonnerre d'applaudissements. Tallien entre, encore tout couvert d'une savante poussière, et monte aussitôt à la tribune[1]. »

« Représentants du peuple, j'accours, des rives de l'Océan, joindre un nouveau chant de triomphe aux hymnes triomphaux qui doivent célébrer cette grande solennité. Je te salue, époque auguste où le peuple écrasa la tyrannie décemvirale ! Heureux, trois fois heureux anniversaire, où les défenseurs de la patrie ont terrassé la coalition de l'étranger et des parricides ! Je te salue. »

[1] Albert Duruy, *Une page de la vie de Hoche.*

Après ce début pompeux, Tallien entre dans son sujet. Son discours contient deux parties, assez faciles à distinguer, bien qu'il les ait, semble-t-il, entremêlées à dessein. Rouget de Lisle, qui l'écoutait, dut reconnaître celle où il parlait des opérations militaires les plus importantes. Ce compte-rendu fut, croit-on, rédigé par Hoche lui-même. Il décrit avec une très grande netteté le combat du 16, la prise du fort Penthièvre et de la presqu'île. Mais Tallien se garde bien de parler de la capitulation. Ceux de ses ennemis qui épient ses paroles, afin de pouvoir l'accuser de modérantisme, en seront pour leurs frais de curiosité malveillante.

L'autre partie de son discours, loin de faire appel aux idées de clémence et de générosité, semble avoir pour but de provoquer la haine et la violence. Tallien prodigue aux émigrés les qualifications les plus odieuses et destinées à raviver la colère de l'Assemblée : il les appelle *modernes paladins, brigands, rebelles, traîtres, parricides, vils stipendiés de Pitt*, contre lesquels la France lutte depuis cinq ans. Il rappelle à plusieurs reprises, les lois de proscription votées contre eux : les flots de l'Océan ont rejeté sous le glaive de la loi, ce vil ramas de « complices » des Anglais. — Pour eux point de grâce possible : « en vain les royalistes nous envoient-ils plusieurs parlementaires pour obtenir quelques conditions. Quelle relation pouvait-il exister entre nous et les rebelles » ? Il soutient que le vœu de l'armée est qu'on applique aux émigrés les lois de la Convention : « Il existe des lois contre les traîtres, nous disaient ces braves soldats ; nous demandons qu'elles soient exécutées. » Il ne lui suffit pas d'humilier les vaincus et de les déclarer indignes de pitié, il emploie contre eux l'arme de la calomnie : « Je tiens à la main l'un des poignards[1]

[1] Le poignard joue un grand rôle dans l'art oratoire de Tallien. Cette arme semble faire partie de son éloquence. Ses deux grands succès de tribune ont été celui du 9 thermidor an II, et celui du 9 thermidor an III. La première fois, comme la seconde, il brandissait un poignard, (Voir le 6e volume de l'*Histoire de la Révolution*, par Thiers, p. 446 et 449). « J'ai vu se former, s'écrie-t-il, au début de son discours, l'armée du nouveau Cromwel, j'ai frémi pour la patrie, et je me suis armé du poignard pour lui percer le sein, si la Convention n'avait pas le courage de le décréter d'accusation. » Tallien montre son poignard, et l'Assemblée le couvre d'applaudissements.

dont tous ces chevaliers étaient armés, qu'ils destinaient à percer le sein des patriotes, et dont ils n'ont pas fait usage pour eux-mêmes, parce qu'ils connaissaient le venin que cette arme recélait. (Tallien présente ce poignard). Il faut apprendre à toutes les nations qu'un animal en ayant été frappé, il a été vérifié que la blessure en était empoisonnée ».

Ces plates injures, ces grossiers mensonges étaient distribués çà et là dans la trame du discours et assez habilement opposés à la bravoure, à l'habilité, à la générosité, au patriotisme des soldats républicains.

Le rapport fut souvent interrompu par de bruyantes acclamations et suivi de cris de joie mêlés d'imprécations contre les royalistes. Tallien obtint ce qu'il avait souhaité. Les prisonniers étaient sacrifiés, il est vrai ; on leur retirait, le bénéfice de la capitulation qu'ils avaient obtenue, pour les livrer aux rigueurs d'une loi sanguinaire ; mais l'homme du 9 thermidor échappait aux dangers qui le menaçaient : le discours violent qu'il venait de prononcer coupait court à toutes les rumeurs qui le représentaient comme favorable au modérantisme et allié aux émigrés. Il procurait même un nouveau triomphe à son auteur. L'homme qui s'était attaqué à Robespierre, prouvait un an après, jour pour jour, qu'il n'avait pas agi dans l'intérêt des adversaires des jacobins et qu'il savait avec un égale énergie frapper sur tous les ennemis de la Convention.

Tallien disait, à la fin de son rapport : « Justice sera faite : la commission militaire est actuellement en activité, et s'occupe de l'application de la loi. » — Il ne savait pas sans doute si bien dire : au moment où il descendait de la tribune et où l'Institut national de musique jouait le Ça-ira, Sombreuil, Mgr de Hercé et quelques autres émigrés comparaissaient devant le commission militaire d'Auray ; ils étaient condamnés, et, le soir même, conduits à Vannes, où ils devaient mourir. A partir de ce jour les tribunaux institués par Blad et Lemoine se mirent à fonctionner avec une activité remarquable.

Cependant des idées de clémence et de pardon n'avaient pas tardé à circuler dans Paris et à pénétrer jusque dans la Convention. Ces rumeurs étaient-elles un écho affaibli et dénaturé de la capitulation du Fort-Neuf, ou l'opinion timidement hasardée de quelques républicains plus amis de la justice que de la légalité, — on ne sait. Toujours est-il que ces idées ne purent prévaloir.

Le 19 thermidor, la séance fut assez orageuse. On y discutait la question de savoir par quel tribunal il fallait faire juger certaines catégories de détenus. Louvet prononça à cette occasion un discours plus violent, plus haineux que celui de Tallien. « Quelle serait donc cette opinion prétendue publique, qui, d'une part, demande à grands cris le châtiment de tout ce qu'elle appelle indistinctement terroristes, et de l'autre côté, ose déjà faire entendre le mot de clémence en faveur d'indignes Français que l'Angleterre a vomis sur nos côtes et qui ne rentraient dans la patrie que pour l'assassiner *(applaudissements)*. C'est une opinion factice, celle des meneurs de quelques coteries, et j'ajoute, de quelques sections. L'opinion publique se forme des vœux de la majorité des Français. Vous devez respecter celle-là sans doute, et surtout il vous appartient de la diriger. Celle-là vous crie de ne point épargner les hommes de sang de toutes les espèces ! C'étaient des hommes de sang ceux qui, sous le règne de Robespierre, envoyaient l'innocence à l'échafaud ; mais ne sont-ce pas des hommes de sang aussi, ces affreux chouans qui dans les départements de l'ouest, ayant surpris quelques défenseurs de la patrie, leur ont arraché les yeux avec des tire-bourres ? Ne sont-ce pas des hommes de sang, ces émigrés qui sont descendus sur notre territoire pour s'allier avec les chouans. Représentants, dussé-je être appelé terroriste, je dirai que nulle composition n'est possible avec ces émigrés ; qu'il n'y a pour eux que la mort. » *(on applaudit)*[1].

Il fallait donc renoncer à toute espérance d'amnistie.

Cependant il y eut toute une catégorie d'émigrés qui purent croire longtemps qu'on leur ferait grâce. Le 20 juillet, sur les instances de madame de Bocozel et de made-

[1] Séance du 19 thermidor, an III.

moiselle de Talhouët, Blad prit un arrêté de sursis en faveur des prisonniers qui n'avaient pas seize ans au moment de l'émigration. La loi n'était pas faite contre eux : un mineur est toujours censé agir sous l'influence de l'autorité paternelle. On attendit jusqu'au 24 août la décision du gouvernement. Le comité de salut public fut implacable. Il cassa l'arrêté de Blad, et rappela sèchement son successeur Mathieu à la rigoureuse application de la loi. « Notre collègue Blad avait cru devoir, entre autres objets, ordonner qu'il serait sursis au jugement des prisonniers émigrés avant l'âge de seize ans.... nous t'invitons à ordonner au général de division Lemoine, commandant à Quiberon, de faire mettre en jugement les émigrés pris les armes à la main, qui étaient sortis de France avant seize ans. » Signé : Merlin, Le Tourneur, Defanon, Boissy d'Anglas, J. B. Louvet[1].

Comment expliquer cette unanimité dans l'acharnement? Suivant quelques historiens, les gens qui gouvernaient alors la France ne consultaient que les intérêts du pays, auxquels ils sacrifiaient tout le reste, et je ne sais quel stoïcisme politique avait fermé leur cœur à tout sentiment de justice et d'humanité. Cette explication qui tend à nous représenter les hommes de la Révolution comme absolument désintéressés et en quelque sorte comme plus grands que nature ne paraît conforme ni aux données de l'histoire ni à ce que nous savons du cœur humain. Un sentiment tout opposé au calme et à l'indifférence stoïques nous semble présider à toute leur conduite. C'est lui qui explique l'abandon de Tallien comme le silence de Hoche, les violences de Louvet comme les applaudissements de la Convention, les mesures du comité de salut public comme les dépêches des représentants Corbel et Topsent, comme les arrêtés du directoire du Morbihan. A Vannes, à Lorient, à Brest, à Paris, la peur régnait, non pas la peur qui intimide et paralyse, mais la peur qui donne un simulacre de courage

[1] Lettre du 9 août du comité de salut public au représentant Mathieu.

à ceux qu'elle envahit, tout en leur retirant la possession d'eux-mêmes, et leur inspire, en vue d'écarter des périls réels ou imaginaires, des mesures cruelles, haineuses, illogiques, sans aucune proportion avec les dangers prévus. Les conventionnels craignaient les représailles des jacobins, qui ne leur pardonnaient pas le 9 thermidor, et celles des royalistes, s'ils n'étouffaient pas complètement les espérances du parti. Ils avaient surtout peur les uns des autres : ils vivaient dans un perpétuel qui vive, entre l'accusation qu'ils avaient repoussée la veille et la dénonciation qu'ils craignaient pour le lendemain. Après avoir établi la terreur dans le pays, ils en étaient arrivés à se terroriser eux-mêmes[1].

Seules, les victimes ne tremblaient pas.

II

Le directoire départemental du Morbihan.

Si l'on doit revendiquer la responsabilité des massacres de Quiberon pour la Convention et le comité de salut public, qui exigèrent la rigoureuse application de la loi à tous les détenus, il faut, pour être complet, reconnaître qu'une autre assemblée ne craignit pas de s'en rendre solidaire.

Le département du Morbihan avait alors à sa tête un directoire, nous allions dire une petite convention faite à l'image de celle qui gouvernait la France, en la terrorisant : à Vannes comme à Paris, c'étaient les mêmes principes, les mêmes préjugés, les mêmes passions, et dans la circonstance qui nous occupe, une cruauté également inexcusable. Il y eut toutefois une différence entre les deux assemblées : celle qui régnait dans le Morbihan presque en souveraine maîtresse montra une haine d'autant plus implacable qu'elle avait eu à trembler davantage.

[1] Le nom de Terreur donné à cette époque « lui sied doublement. C'est le règne de la peur, de l'ignoble peur, qui fit du troupeau des lâches mené par quelques sectaires une bande d'assassins frénétiques, poussés au meurtre par le meurtre, en proie à la terreur qu'ils inspiraient. *Terrebant paveban tque* : ainsi d'un trait les a peints d'avance Tacite. »

Extrait du Discours de réception de José-Maria de Hérédia, à l'Académie française, 30 mai 1895.

L'imminence tant des dangers qu'elle avait courus que des périls qu'elle redoutait dans l'avenir ne lui permit pas d'éprouver ces accès de pitié que Louvet crut devoir combattre à la Convention nationale.

Les hommes qui se firent les ardents propagateurs des idées nouvelles en province ne savaient sans doute pas sur quelle pente glissante ils se plaçaient, ni à quels excès devait les entraîner la logique irrésistible de la Révolution. Tous ne surent pas reculer à temps devant les conséquences de leurs principes. Ceux surtout qui croyaient avoir à se plaindre de l'ancien état de choses, et qui voulaient en prévenir le retour à tout prix, marchèrent résolument en avant : et il leur arriva d'aller plus loin qu'ils ne l'avaient eux-mêmes souhaité.

Le directoire de Vannes avait soulevé contre lui une haine presque universelle dans le département : par ses mesures violentes, par les réquisitions forcées qu'il ordonnait, par l'espionnage savamment organisé contre les suspects, par la persécution ouvertement déclarée contre les prêtres et les catholiques qui osaient manifester leur foi, il avait attaqué les intérêts les plus chers et des convictions auxquelles les Bretons attachaient autant de prix qu'à la vie elle-même. Avouons-le : pour accepter les conséquences d'une politique aussi compromettante, il fallait avoir une grande dose d'audace et de courage. Les membres du directoire savaient que le pouvoir qu'ils avaient établi par la violence ne pouvait être maintenu que par une violence toujours plus grande ; ils ne se dissimulaient pas que le jour où ce pouvoir éphémère leur échapperait, les représailles seraient terribles. Ils ne pouvaient ignorer que les haines que leur insupportable tyrannie avait amassées n'attendaient, pour faire explosion, que l'occasion favorable. Entre eux et ceux dont ils avaient provoqué l'ardente inimitié, c'était une lutte à mort.

Qu'on juge de leur effroi, lorsqu'ils apprirent que la flotte anglaise avait débarqué, sur la côte voisine, une armée d'émigrés dont ils exagéraient les forces ; lorsqu'ils surent surtout que le feu de l'insurrection, qu'ils n'avaient jamais réussi à éteindre, se propageait de nouveau, s'étendait peu à peu dans le département, et gagnait jusqu'aux communes les plus rapprochées du chef-lieu.

Ils auraient pu écrire à l'administration républicaine de Nantes, ce que celle-ci leur avait écrit à eux-mêmes deux ans auparavant : « Adieu, frères. Peut-être cet adieu est-il le dernier que nous vous donnerons. Dans quelques heures peut-être, il n'y aura plus chez nous de département. »

La lettre que Hoche leur adressait en ce moment, et l'invitation qu'elle renfermait, loin de les rassurer, ne faisaient que leur montrer plus clairement l'imminence du danger : « Le voisinage de l'armée anglaise,débarquée aujourd'hui, et la faiblesse des moyens pour défendre la ville de Vannes, qui d'ailleurs n'est susceptible d'aucune défense, m'ont engagé à faire évacuer les munitions de guerre et de bouche renfermées dans les magasins, sur Ploërmel, point de ralliement des troupes qui viennent à la défense de votre pays. — D'après ce court exposé, j'ai l'honneur de vous représenter, qu'il pourrait être infiniment dangereux pour vous de rester dans la place. Je vous invite, citoyens, à faire évacuer les caisses, les papiers des administrations, et à faire suivre de vos personnes la marche de la garnison dans le cas où elle effectuerait une retraite, ce à quoi elle sera contrainte, si l'ennemi se présente en force. »

Le message, ou, comme l'appelle le directoire, *la fatale déclaration* du général Hoche arriva à Vannes à six heures du soir. Immédiatement les directeurs prennent un arrêté, dont les considérants dissimulent mal la peur à laquelle ils sont en proie. Ils ne veulent pas *mettre en doute* les raisons invoquées par Hoche ; ils comprennent que l'intérêt public commande à l'administration de pourvoir à la sûreté des dépôts précieux, qui sont confiés à toutes les administrations et à tous les tribunaux, et ils décident que les registres, titres et papiers de l'administration, seront évacués sur Ploërmel. Le directoire déclare en outre « que son poste étant là où il peut remplir les fonctions qui lui seront confiées, les membres qui le composent, ainsi que les fonctionnaires attachés à l'administration ou qui doivent exercer auprès d'elle, se replieront sur Ploërmel avec la garnison, si elle est forcée d'évacuer. »

Les administrateurs n'eurent pas à quitter Vannes. On sait pourquoi. Mais pendant quelques jours, ils vécurent dans des inquiétudes continuelles. Même après le mouvement offensif de Hoche, ils furent partagés entre l'espérance et la crainte. Jusqu'au 22 messidor, ils se tinrent toujours prêts à partir. Ils ne furent complètement rassurés que lorsque l'armée royaliste fut bloquée à Quiberon et l'armée républicaine solidement retranchée à Sainte-Barbe. Il est naturel qu'ils ne fussent pas disposés à pardonner vite à un ennemi qui les contraignait à prendre une attitude aussi humiliante ; et si l'armée de Hoche était victorieuse, on comprend qu'ils ne négligeraient de prendre aucune mesure, si cruelle qu'elle fût, pour éviter le retour des angoisses qu'ils venaient de traverser.

Le 22 messidor, le directoire reçut de Champeaux, adjudant général, chef de l'état-major, une lettre ainsi conçue : « Le général en chef me charge, citoyens administrateurs, de vous prévenir que le danger est passé et que vous pouvez en conséquence déballer vos papiers. » Il arrête alors seulement que « les corps administratifs et judiciaires, les caissiers et payeurs publics dont les opérations avaient été momentanément suspendues, étaient appelés à reprendre sur le champ l'exercice de leurs fonctions. »

Il suivait avec beaucoup d'intérêt les opérations des deux armées, et, pour relever le courage des républicains des différentes localités du département, se hâtait d'annoncer les progrès de Hoche aux districts et aux municipalités. Quand il apprit la prise de la presqu'île de Quiberon et et l'anéantissement de l'armée royaliste, il poussa un véritable cri de triomphe. On allait enfin pouvoir frapper un grand coup : il suffisait d'appliquer la loi pour enlever à la Chouannerie morbihannaise ses chefs et ses soldats les plus valeureux et pour faire tomber la tête de tous les émigrés dont la descente sur le territoire avait fait courir de si grands dangers aux représentants de la nation. Blad et Tallien avaient traversé Vannes, pour se rendre à l'armée de Hoche. On connaissait leurs sentiments. On pouvait compter qu'ils tireraient de la victoire toutes les conséquences qu'exigeaient le salut de la république et les décrets de la Convention.

Quel ne fut pas bientôt l'étonnement du directoire !

Le lendemain même de la capitulation du Fort-Neuf, Blad avait bien pris un arrêté pour établir une commission militaire. Mais il était bien entendu entre les deux conventionnels que cette commission ne serait convoquée, s'il y avait lieu, que lorsque Tallien aurait fait son rapport à la Convention. Ils espéraient échapper ainsi au reproche que pouvaient leur faire les républicains de ne pas exécuter la loi martiale, et à l'accusation que les royalistes auraient pu diriger contre eux, d'avoir violé leur solennelle promesse.

Quatre jours se passèrent. Aucune commission militaire n'avait commencé à fonctionner. L'arrêté de Blad restait lettre morte. Le directoire s'émut de ces lenteurs. Il s'émut encore davantage de la conduite, étrange suivant lui, qu'on tenait vis-à-vis des prisonniers, et des bruits qu'on avait mis en circulation : l'armée était, disait-on, très disposée à faire grâce, et l'opinion publique elle-même se montrait favorable aux idées de clémence.

Les administrateurs se rappelèrent l'affolement des jours précédents. Si on accordait la vie aux émigrés et aux chouans, si surtout on les mettait en liberté, leur propre sécurité ne serait-elle pas de nouveau compromise ? Qu'allaient-ils devenir eux-mêmes, qu'allait devenir la république, si la loi fléchissait en faveur de leurs plus mortels ennemis ?

Le directoire résolut d'intervenir et rappela courageusement chacun au sentiment du devoir.

Le 7 thermidor, il écrivait à Blad une lettre où perçait son mécontentement : « Nous vous remettons ci-joint, citoyen représentant, expédition d'un arrêté que nous avons pris ce jour relativement aux prisonniers faits à Quiberon. Les motifs qu'y sont developpés, vous les jugerez. Le principal est la fermentation qui se manifestait dans l'armée et parmi les patriotes. La conduite qu'on tient vis-à-vis des prisonniers est loin d'être dans vos principes, d'après ce que vous nous avez dit vous-même, et nous sommes persuadés que vous ne verrez dans cet acte qu'une preuve de notre entier dévouement à faire exécuter la loi ».

Cet arrêté dont parle le directoire était une réquisition formelle d'appliquer la loi martiale, adressée à l'état-major de la cinquième division de l'armée des côtes de Brest, aux chefs et aux commandants de la force armée, à la municipalité et au district d'Auray.....

« Attendu qu'on répand déjà publiquement, à Auray et à Vannes, que les émigrés et leurs complices ne seront pas punis, que par d'insidieux propos qu'on tient ouvertement sur leur compte et qu'on s'efforce même de faire attribuer à quelques militaires, dont on voudrait par là flétrir la gloire, en atténuant leur amour pour la patrie et leur attachement au gouvernement républicain, on cherche à apitoyer les citoyens sur le sort de leurs plus cruels ennemis — ; qu'on tend aussi à corrompre l'opinion publique et à préparer le peuple à réclamer une coupable indulgence en faveur des assassins de la patrie....

« Attendu que tous les patriotes, témoins du peu de surveillance qui s'exerce dans le lieu où sont détenus les prisonniers, réclament la plus prompte exécution de la loi dont aucune puissance ne peut, dans un état libre, paralyser l'action...

« Qu'il n'existe encore, à Auray, en activité, aucun tribunal ni commission militaire chargé de juger les émigrés et leurs complices, que de cette inactivité il résulterait bientôt que les suites de la victoire remportée à Quiberon, au lieu de recréer l'esprit public, en intimidant pour jamais les ennemis de la patrie, auraient un effet tout contraire, etc., etc.

« En vertu de la surveillance générale qui lui est attribuée sur tout ce qui peut intéresser l'ordre, la tranquillité publique et l'exécution des lois dans son ressort, arrête ce qui suit..... »

L'état-major de la 5e division de l'armée des côtes de Brest *est requis sous sa responsabilité* de faire exécuter de suite, si fait ne l'a été, l'article du 25 brumaire ; en conséquence de nommer une commission militaire composée de 5 personnes, qui sera chargée de juger les émigrés et ceux qui leur sont assimilés, pris à Quiberon.... »

On sait quelle était la puissance des directoires départementaux. Les généraux et les représentants du peuple eux-mêmes, quelque étendu que fût leur pouvoir, avaient souvent appris à leurs dépens combien il était dangereux de résister à leurs volontés.

Le directoire de Vannes ne parla pas en vain. Blad qu'on accusait d'avoir laissé son arrêté sans exécution pendant quatre jours, et à qui on faisait comprendre qu'il y avait quelque contradiction entre ses déclarations précédentes et sa négligence à punir, se crut obligé de montrer du zèle. Sa volonté fléchit devant les passions du directoire du Morbihan, comme celle de Tallien devant les passions de la Convention.

Une commission militaire fut nommée à Auray. Dès le 9 thermidor au matin, au moment même où finissait la séance de la Convention que nous avons décrite, elle appelait à sa barre Mgr de Hercé, Sombreuil et quinze autres émigrés.

Nous verrons qu'elle eut quelques scrupules à prononcer les condamnations qu'on exigeait d'elle, qu'elle hésita, pour employer l'expression de Blad, à remplir son mandat, et qu'elle fut cassée Elle fut immédiatement remplacée par une autre qui fonctionna le jour même. Les officiers ne se montraient pas très jaloux d'en faire partie : le général Lemoine les força le pistolet au poing à y entrer. Elle se montra plus complaisante que la première. D'autres cours martiales furent instituées, et dès lors le directoire n'eut pas à se plaindre : les condamnations se succédèrent régulièrement, avec une très grande rapidité.

Il n'était pourtant pas entièrement satisfait. Il ne lui suffisait pas que les prisonniers fussent condamnés à la peine capitale. Il fallait de plus entourer leur mort des circonstances les plus propres à terroriser ceux qui seraient tentés de les imiter, et faire le choix le plus intelligent du jour et du lieu de leur supplice. La lettre suivante, que nous avons relevée dans la correspondance du directoire du Morbihan, nous révèle, avec les motifs qui le rendaient si cruel, le souci qu'il prenait des moindres détails pour atteindre son but. Elle fera aussi comprendre pourquoi les prisonniers n'étaient pas toujours exécutés dans la ville même où on les jugeait. Cette lettre est datée du 8 thermidor. Elle est adressée aux représentants du peuple Blad et Tallien. A cette époque, aucun prisonnier n'avait encore été transporté à Vannes.

« Le triomphe des armes de la République vient de mettre sous le glaive de la loi une multitude de nos plus cruels ennemis. Leur grand nombre empêchera sans doute de leur infliger dans l'intérieur la peine due à leurs forfaits ; et c'est peut-être d'ailleurs en présence de l'armée, en face du lieu qu'ils avaient rendu le foyer de leur nouveau crime qu'ils doivent les expier. Mais nous avons pensé que sans contrarier cette mesure générale, si, comme nous le croyons, c'est celle qu'on adopte, il serait possible de concilier avec elle une mesure partielle qui rendrait plus efficace un exemple dont notre département a malheureusement le plus grand besoin. Cette mesure serait de détacher quelques-uns des plus coupables et ceux qui ont marqué davantage parmi nos féroces ennemis, pour les faire exécuter dans le chef-lieu du département. L'on pourrait même y joindre ceux des lâches déserteurs de Vannes qui avaient abandonné cette commune pour se joindre aux assasins de l'intérieur et qui se sont réunis ensuite aux émigrés dans Quiberon, ceux qui étaient dans ce département chefs ou membres du conseil des chouans, ou qui y avaient organisé la révolte, enfin les ci-devant nobles qui habitaient les environs de cette commune avant leur émigration. Cette demande de notre part est fondée sur des considérations politiques qui nous paraissent très importantes. L'esprit de parti a tellement égaré les imaginations que plusieurs personnes doutent ou feignent de douter de la prise de Quiberon, qu'elles annoncent du moins qu'on craindrait de faire aux rebelles qui ont été pris l'application de la loi. Ces suggestions, qui se répandent jusque dans cette commune même, seront à plus forte raison répandues dans les campagnes pour perpétuer leur égarement. Elles sauraient au contraire que le règne inflexible de la loi est enfin arrivé, si le supplice de quelques-uns de leurs séducteurs obtenait la plus grande publicité, et avait lieu, par exemple, après demain, qui est un jour de marché dans cette commune. Si vous jugez que notre demande mérite quelque considération, nous vous observons qu'elle pourrait être également applicable au district et à la commune d'Auray, où se trouve en ce moment la masse des prisonniers, et qu'on pourrait faire exécuter dans cette commune quelques-uns de ses déserteurs ou des ci-devant nobles émigrés de ce district, s'il s'en trouve parmi les coupables. »

Le lendemain du jour où cette lettre fut écrite, Mgr de Hercé et les émigrés qui avaient été condamnés en même temps que lui furent dirigés sur Vannes. Le lendemain, on les fusillait sur la Garenne. Le général Lemoine écrit lui-même qu'on exécuta ces prisonniers à Vannes pour se conformer aux désirs des administrateurs.

Quelque temps après le directoire intervint encore, soit pour rappeler des formalités qu'on négligeait peut-être, soit plutôt pour hâter l'exécution des jugements où il croyait voir trop de lenteur. Il écrivit au chef de l'état-major de la 9e division à Vannes : « Les jugements militaires devant être exécutés dans les vingt-quatre heures, doivent être lus publiquement au lieu de l'exécution. Nous pensons que cette formalité pourrait être remplie pendant que les condamnés seront conduits au supplice, afin que leur exécution ne soit pas retardée. »

Le directoire insistait donc pour que l'on frappât fort et que l'on frappât vite. S'il n'était pas intervenu, le sang aurait-il coulé avec moins d'abondance ? les commissions militaires auraient-elles montré plus d'indulgence ? Il serait téméraire de l'affirmer. La Convention de Paris n'était pas disposée à faire grâce. Elle n'aurait consenti à épargner les prisonniers que si le directoire l'avait formellement demandé. Nous venons de voir qu'il ne songea pas à faire cette démarche, qu'il poussa au contraire les soldats et les représentants dans la voie de la violence et qu'il donna le signal des massacres.

FIN.

www.ingramcontent.com/pod-product-compliance
Ingram Content Group UK Ltd.
Pitfield, Milton Keynes, MK11 3LW, UK
UKHW021143230726
13926UKWH00002B/903